战略性新兴产业研发竞争态势分析理论方法与应用

李 欣 黄鲁成 著

国家社科基金重大项目
"新兴技术未来分析理论方法与产业创新研究"（11&ZD140）
教育部人文社科青年项目
"新兴产业浮现中的技术演化路径研究"（14YJC630071）
北京市教委科技计划社科一般项目
"面向北京战略性新兴产业发展的新兴技术识别研究"
（SM201610005001）
国家自然科学基金面上项目
"公共研发与新兴产业创新集群演化的关联机理
及支撑政策研究"（71473142）

科 学 出 版 社
北 京

内 容 简 介

本书在深入分析战略性新兴产业起源、形成过程、动力机制及其形成过程中"峡谷"跨越的基础上，系统论述了如何利用文献计量、专利分析方法研究战略性新兴产业研发竞争态势，构建基于文献计量和专利分析的战略性新兴产业研发竞争态势分析模型，并以光伏产业和 OLED 显示产业为例进行了实证研究，揭示了我国战略性新兴产业研发竞争现状与问题，提出了相应的政策建议。

本书既可以作为从事战略性新兴产业、科技与创新政策研究人员和研究生的参考书，又可以作为政府管理部门、企业研发部门进行战略性新兴产业领域研发投资的决策理论方法参考。

图书在版编目（CIP）数据

战略性新兴产业研发竞争态势分析理论方法与应用 /李欣，黄鲁成著. —北京：科学出版社，2016
ISBN 978-7-03-047579-4

Ⅰ. ①战… Ⅱ. ①李… ②黄… Ⅲ. ①新兴产业—产业发展—研究—中国 Ⅳ. ①F279.244.4

中国版本图书馆 CIP 数据核字（2016）第 046157 号

责任编辑：马 跃 王丹妮 /责任校对：李雪雪
责任印制：霍 兵 /封面设计：无极书装

科 学 出 版 社出版
北京东黄城根北街 16 号
邮政编码：100717
http://www.sciencep.com

北京佳信达欣艺术印刷有限公司 印刷

科学出版社发行 各地新华书店经销

*

2016 年 3 月第 一 版 开本：720×1000 1/16
2016 年 3 月第一次印刷 印张：11
字数：221 000

定价：62.00 元
（如有印装质量问题，我社负责调换）

前　言

　　面对新一轮科技革命和产业变革所带来的重大发展机遇，主要发达国家纷纷加大对科技创新的投入、加快对新兴技术（emerging technology）和产业发展的布局，力争通过发展新兴技术、培育新产业，创造新的经济增长点，抢占新一轮的经济增长战略制高点。这预示着全球科技将进入一个前所未有的创新密集型时代，重大发现和发明将改变人类社会生产方式和生活方式，新兴产业（emerging industry）将成为推动世界经济发展的主导力量。面对新一轮科技革命和产业变革所带来的重大发展机遇，我国提出要大力培育和发展战略性新兴产业。

　　而科技革命和产业变革为我国实现技术主导和技术领先提供了重要的"机会窗口"（opportunity of window）。能否正确认识这种变革时期由新兴技术发展而来的新兴产业形成与发展过程中的技术研发态势和发展趋势，将直接影响把握"机会窗口"的能力。这也恰好是目前关于战略性新兴产业培育和发展研究的薄弱之处。

　　大量的学术研究表明，战略性新兴产业形成与发展的基本路径是从科学到技术，从技术到应用，从应用到市场，即"科学发现—技术发明—产业化"；研发是战略性新兴产业形成与可持续发展的重要支撑和保障。在目前全球日趋激烈的科技竞争背景下，我国需要对战略性新兴产业技术领域的全球研发态势进行分析，以及对我国在战略性新兴产业技术领域中所处地位进行研判和分析，进而为我国战略性新兴产业的培育和发展提供研发决策支持。正是基于这样的考虑，我们出版了《战略性新兴产业研发竞争态势分析理论方法与应用》，以期将其作为战略性新兴产业研发研究领域的引玉之砖，繁荣这一研究领域，使其服务于我国的经济社会发展。

　　本书内容共计七章，可分为三大部分：第一部分为理论研究部分，主要阐述战略性新兴产业相关概念及理论研究、战略性新兴产业起源、战略性新兴产业形成过程与动力机制、战略性新兴产业形成过程中的"峡谷"（chasm）跨越问题（第1至3章）。第二部分为方法研究部分，主要在战略性新兴产业起源、形成过程、动力机制及其"峡谷"跨越研究的基础上，阐述如何利用文献计量、专利分析方法对战略性新兴产业研发竞争态势进行分析，并构建基于文献计量和专利分析的战略性新兴产业研发竞争态势分析模型（第 4 章）。第三部分为应用部分，主要利用基于文献计量和专利分析的战略性新兴产业研发竞争态势分析模型对光伏产业和 OLED（organic light-emitting diode，即有机发光二极管）显示产业的研发竞争态势进行分析，并在此研究基础上，提出我国培育和发展战略性新兴产业的创新政策取向（第 5 至 7 章）。

　　本书的研究、写作和出版得到了国家社科基金重大项目"新兴技术未来分析理论方法与产业创新研究"（11&ZD140）、教育部人文社科青年项目"新兴产业浮现中的技术演化路径研究"（14YJC630071）、北京市教委科技计划社科一般项目"面向北京战略性新兴产业发展的新兴技术识别研究"（SM201610005001）、国家自然科学基金面上项目"公共研发与新兴产业创新集群演化的关联机理及支撑政策研究"（71473142）和北京工业大学经济与管理学院中青年人才拔尖培育项目（011000546615006）的资助。在本书的研究与撰写工作中，笔者得到了清华大学公共管理学院的薛澜教授、苏竣教授、周源副教授、梁正副教授、李应博副教授的大力支持与帮助，在此对其先前的付出表示感谢。同时，笔者还得到了北京工业大学经济与管理学院的吴菲菲教授、娄岩副教授、苗红副教授，以及清华大学公共管理学院的王刚波博士、许冠南博士、张剑博士、李燕博士、洪志生博士、沙勇博士、王秀芹硕士的大力协助，在此表示深深的谢意。感谢科学出版社马跃老师在本书出版过程中的辛勤付出。

　　由于战略性新兴产业研发管理涉及的理论和内容较多，加之本书为理论方法探讨性著作，还存在需要进一步研究探讨的问题；再者限于笔者水平，本书难免存在不足之处，恳请专家、学者及广大读者给予批评指正。

笔者

2016 年 1 月于北京工业大学

目 录

绪　　论

0.1.1　中国培育和发展战略性新兴产业的背景

当前，新一轮科技革命和产业变革正在孕育兴起，一些重要科学问题和关键核心技术已经呈现出革命性突破的先兆。生命演化、物质结构、宇宙起源、意识本质等基本科学问题方面的新认知、新发现，将引发科学知识体系的系统性创新；大数据、信息技术和制造业的融合，以及能源、材料、生物等领域的技术突破，将可能催生新产业，引发产业的革命性变革；海洋、空间、农业、人口、健康等领域的科技进步将拓展人类生存发展空间，提高生活质量，促进可持续发展。世界各国更加重视利用科技创新培育新的经济增长点，创新资源配置呈现出全球化竞争与加速流动的趋势。

经过三十多年的快速发展，我国已发展成为世界经济大国，未来将面临如何从经济大国转变为经济强国的挑战，迫切需要突破发展瓶颈制约、解决一批关键和重大问题。我国制造业总体处于价值链的低端，材料产业整体水平不高，资源消耗过大，关键核心技术对外依存度过高，出口增长主要由低价格和数量推动。能源和资源短缺、生态环境恶化、人口老龄化等问题日益凸显。我国在海域的能源资源开发、权益和制海权、信息获取等方面存在诸多问题，在空间开发与安全方面面临严峻挑战。

面对新一轮科技革命和产业变革所带来的重大发展机遇，主要发达国家纷纷加大对科技创新的投入、加快对新兴技术和产业发展的布局，力争通过发展新兴技术、培育新产业，创造新的经济增长点，抢占新一轮的经济增长战略制高点。这预示着全球科技将进入一个前所未有的创新密集型时代，重大发现和发明将改变人类社会生产方式和生活方式，新兴产业将成为推动世界经济发展的主导力量。面对新一轮科技革命和产业变革所带来的重大发展机遇，我国提出要大力培育和发展战略性新兴产业。

0.1.2 中国培育和发展战略性新兴产业的必要性与重要意义

培育和发展战略性新兴产业是党中央、国务院为保持经济稳定增长，促进经济结构调整和经济发展方式转变的重大战略决策。党的十八大明确提出，以科学发展为主题，以加快转变经济发展方式为主线，是关系我国发展全局的战略抉择。要加快转变经济发展方式，必须坚持将推进经济结构战略性调整作为主攻方向，加快培育和发展知识技术密集、物质资源消耗少、成长潜力大、综合效益好的战略性新兴产业，以充分发挥科技引领作用、形成新的经济增长点、提高经济增长质量和效益，真正走上创新驱动发展之路。

加快培育和发展战略性新兴产业是我国努力掌握国际经济竞争主动权的必然要求。近年来，全球科技进入新的创新密集期，重大发现和发明不断涌现，能源、环境、健康、信息化等领域，正在孕育着革命性变革，也必将催生许多新兴产业。国际金融危机的爆发和持续发酵，引发全球对实体经济发展和产业结构优化升级的深度思考，促使世界产业发展格局发生新一轮重大调整。许多国家认识到，世界经济要实现真正意义上的复苏，必须充分依靠科技创新，挖掘新的需求，激发新的活力，提供新的引擎；必须采取有力的刺激措施和支持政策，加大对节能环保、宽带网络、生物技术、新能源、新材料等领域的投入，加速实体经济的低碳、健康、可持续发展，引领未来产业发展，促进就业。面对日益显现的新技术变革及其引发的产业变革新机遇和日趋激烈的新兴产业国际竞争新态势，培育和发展战略性新兴产业，肩负着抓住发展机遇、把握今后竞争主动权、促进经济健康可持续发展的历史使命。

加快培育和发展战略性新兴产业是我国实现可持续发展的必然要求。经过改革开放三十多年的快速发展，我国综合国力明显提高，但发展中不平衡、不协调、不可持续问题日益凸显，粗放经济发展方式下形成的经济结构与资源环境承载能力矛盾更加突出，金融危机使经济结构中的一些矛盾进一步显现。加速改变经济发展过度依靠出口、低成本要素投入拉动和大量的物质资源消耗的局面，以及加速改变农业基础薄弱、制造业大而不强、服务业发展滞后、产业结构不合理、经济增长主要依靠第二产业带动的格局，必须大力培育和发展战略性新兴产业，构建现代产业体系，促进资源节约型和环境友好型社会的建设，加快形成新的经济增长点，创造新的就业机会，更好地满足人民群众日益增长的物质文化生活需要，使我国经济社会能够真正走上创新驱动、内生增长、持续发展的轨道。

0.1.3　中国战略性新兴产业发展的态势与问题

全球金融危机爆发以来的实践证明，我国培育和发展战略性新兴产业取得了广泛共识，全社会参与培育和发展战略性新兴产业的氛围日益活跃，战略性新兴产业发展迅速，技术创新基础不断加强，区域特色优势产业集群正在形成，吸纳高层次就业的人数增加，其对经济发展的支撑作用正在逐步显现、增强。

1. 中国战略性新兴产业发展态势

1）技术创新和市场需求双重驱动产业发展的趋势明显

战略性新兴产业相关领域内的技术创新水平与产业发展规模呈现出相互影响、协调推进的良好格局，一些领域具备了与发达国家同台竞争的实力，一些领域具备了占领世界经济科技竞争制高点的实力。战略性新兴产业在市场需求和技术进步的双重驱动下，呈现出产业规模与技术创新快速演进的发展局面。在生物、新一代信息、高端装备制造、新能源、新能源汽车等领域，我国的一些企业紧跟全球科技创新和市场需求，加大产业化创新力度，极大促进了产品创新和规模扩张，孕育出一批快速成长、竞争力强的创新型企业，推动了更多企业成为业界的领航者，促使上述领域的原创成果逐步增多。越来越多的企业和研发机构开始瞄准高端产业，开展前沿领域研发，构建先发优势，为战略性新兴产业超常规发展、储备技术和人力资源，提供了竞争优势。

2）集聚全球创新要素，开放发展之路加快

全球金融危机的发生为培育和发展战略性新兴产业带来了大规模吸引全球知识、技术、人才和资金的机遇，战略性新兴产业的发展已在某些区域和领域展示了与过去依靠技术引进、合资生产等截然不同的发展新路径。在光伏、生物医药、信息通信、新材料等领域，各地均涌现出了一批企业，它们统筹利用国际、国内技术资源，通过在境内外建立生产基地和研发中心、收购拥有先进技术的中小公司、建立国际化研发团队等，迅速获得新技术、新产品和占领新市场，快速形成了创新发展能力。各地普遍开始重视"引资"与"引智"并举，正在从以往的"以市场换技术"、单纯依赖外援、注重引进技术设备向吸引人才、技术、资本等要素加速转变。

3）各具特色的战略性新兴产业创新聚集区初步形成

从世界范围看，新兴产业主要集聚在少数区域。围绕智力密集区形成的新兴产业聚集地，对推动战略性新兴产业发展具有重要作用。目前，我国各地选择培育和发展战略性新兴产业的着力点放在了支持企业创新发展高端产业上。深圳以打造未来的新兴产业为目标，在基因组测序分析及关联产业、干细胞、超材料、医疗器械和互联网等前沿领域抢先布局，谋划发展由原始创新所支撑的高端产业；江苏泰州医药产业城坚持高起点规划、高水平建设、高定位发展，走出了一条引进高端人才、高水平研发成果，集聚发展生物技术高端产业的新路，吸引了一大批创新型企业落户。

4）商业模式创新与技术创新的交互动力不断增强

商业模式创新得到了广泛的社会认可和政策支持。商业模式的创新决定着新技术和新服务的引入速度和市场化的推广速度。目前，我国在新能源汽车推广示范、三网融合、合同能源管理等领域不断涌现的商业模式创新，日益得到社会的广泛认可和政策的支持，特别是在电动汽车发展方面，许多地方都构架了"赋予电动汽车商品的特性，让它拥有与传统汽车比拼的市场竞争力"的商业模式，如深圳采取"车电分离、车辆融资租赁、电池充维结合"的模式，得到了社会投资者的广泛认可。同时，新技术、新产品的应用不可避免地会受到现有体制机制的制约，商业模式创新则是绕开现行体制机制的障碍、加速商业化的必然选择。一些光伏企业实施了全球化的采购、生产、研发等运营策略，运用国际化的供应链来应对"双反"调查和可能产生的高额关税，说明了全球市场开拓和商业模式创新是光伏产业快速发展的基础。

2. 中国战略性新兴产业发展存在的问题

我国战略性新兴产业在迅速发展的同时，也存在一些问题。完善的产业创新体系是战略性新兴产业健康和可持续发展的重要支撑。基础研究、技术开发、创业投融资环境、创新基础设施、政策规制等创新体系上任何一个环节的欠缺，都会成为相关产业发展的"短板"。虽然我国战略性新兴产业已取得一定的成效，但在培育和发展战略性新兴产业的过程中，产业技术创新体系尚不完善，存在着核心技术和高端人才缺失、市场有效需求不足、产业集群和产业链尚不完善，创新平台建设有待加强、基础设施和体制机制发展滞后等问题，特别是在很多战略性新兴产业领域中，关键核心技术缺失，企业的整体科研实力特别是在基础研究领域长期滞后，成为持续发展的短板。而关键核心技术的缺失，使得我国一些战略性新兴产业依然延续传统产业发展模式，仍以模仿创新、渐进创新为主，关键技术、装备及零部件依赖进口，处于全球产业价值链低端，竞争力较弱，与国外领先水平差距明显。例如，我国在集成电路、操作系统等核心技术方面仍未有大的突破；高端加工设备、智能装备内控系统及其核心零部件与发达国家差距较大；海工装备制造业中企业数量多，核心技术却依赖国外；新能源汽车核心零部件开发技术，如整车控制开发技术、电机驱动系统开发技术、电池系统开发技术、动力耦合技术等，仍有待实质性突破。在医疗器械领域，国内绝大多数企业受资金和技术能力限制，不具备开展大规模研发的能力，只能进行局部改造与技术改进，难以实现对世界领先水平的赶超。

因此，我国在大力培育和发展战略性新兴产业的同时，需要回答这样几个问题：战略性新兴产业是如何形成的？它的形成过程如何？它的形成与发展究竟遵循什么样的规律？在具体的战略性新兴产业领域中全球的研发态势如何？我国在此战略性新兴产业领域中的研发现状与所处地位如何？在实践中应该遵循怎样的原则与规律去培育和发展战略性新兴产业？这些理论问题如果不弄清楚，则可能导致实践过程出现新一轮盲目投资热、技术重复式引进、产业雷同式布局等现象。

为此，本书将对战略性新兴产业形成的早期阶段进行研究，探索战略性新兴产业的起源、形成过程、阶段性特征及其形成的动力机制。通过对战略性新兴产业起源、形成过程、形成的动力因素的研究，更好地理解它的形成过程、阶段性特征、动力机制；并在此研究基础上提出战略性新兴产业研发竞争态势分析模型，对战略性新兴产业的全球研发态势进行分析，并对我国在战略性新兴产业领域中所处地位进行研判和分析，进而为我国战略性新兴产业的培育和发展提供决策支持。

第1章　战略性新兴产业相关概念及理论研究

1.1　战略性新兴产业的内涵及特征

1.1.1　新兴产业的内涵及特征

对于新兴产业的内涵，Porter（1980）把新兴产业定义为：由于技术创新、新的消费需求的出现，或其他经济和社会的变化，一项新产品或服务达到了一种潜在可行的商业机会水平，而新形成或重新形成的产业。但是不同的学者从不同的角度给出不同的定义，目前学术界对其还没有一个统一的界定。一般认为，新兴产业是指处于产业生命周期中的早期阶段的产业（Low and Abrahamson，1997）。总体来看，关于新兴产业的定义存在以下四种观点（Pohl，2005；汪艳红，2007）。

（1）从发展态势来看，相对于旧产业来说，新兴产业是在业已存在的产业的基础上，伴随着社会进步而出现的产业，体现时代特征，是一种革命的力量，对整个经济社会的发展起关键的促进作用；其处于产业生命周期中的萌芽阶段与成长阶段，产业增长率较高，产业结构及相关支持产业变动性较大。

（2）从技术角度看，新兴产业是由于新兴技术的突破、产品或服务的创新而产生的产业，其可能是一种全新的发明，是依靠有别于传统技术的新兴技术而形成的一系列产业，从这个角度看，新兴产业与高新技术产业具有一致性；另外，新兴产业也可能是在既有的技术、产品或服务上因改进与创新而产生的新产业，对传统技术有一定的依赖性。目前的新兴产业主要是指由于信息技术、生物工程、新材料、新能源、空间技术等新兴技术而发展起来的一系列产业部门。

（3）从市场需求的角度来看，新兴产业是由于新的消费者需求的产生或社会的改变，新的产品或服务提升至可能、可行的商业机会，从而促成的新产业，是需求拉动产品、服务、技术，甚至是管理模式的创新而产生的新兴产业。

（4）从区域角度看，新兴产业发展能够发挥各地区的优势，其发展能够发挥各地区的优势，能够有效化解目前的主要困难，从而有力推动各地区均衡发展、扩大就业、提高国际竞争力的产业。

新兴产业是推动产业结构演进的新生力量，是全球金融危机背景下满足社会需求和增加供给的有效途径，其特点如下。

1. 创新性

新兴产业是随着新的科研成果和新兴技术的发明应用而出现的新的部门和行业。原有技术的创新和新技术的不断突破、产生，是新兴产业产生发展的基础；另外，新技术产业化发展迅速的部门，也能够迅速引进产业创新和企业创新。

2. 成长性

成长性是指某一产业在一个较长的时期内由小变大、由弱变强的续存状态和不断变革的过程。新兴产业一般处于产业生命周期的萌芽期和成长初期、技术上先进、具有较快增长率、有较大潜在需求，因此具有高成长性的特点。

3. 先进性

对于新兴产业来说，技术、工艺、产品、满足的需求都是新的，它代表了产业发展的新方向，代表了市场对经济系统整体产出的新要求和产业结构转换的新方向，同时也代表了新的科学技术产业化新水平，符合经济社会发展的趋势。

4. 风险性

新兴产业是新形成或再形成的产业，它们来自技术的创新、相对成本关系的转变、新的消费者需求的产生或者其他经济或社会的改变，因此会存在较大风险，表现为：①技术风险，其来源主要是关键技术资料不足，相关实验基地和设备缺乏及其他技术与环节不配套；②市场风险，市场需求具有高度的不确定性，会导致其市场存在一定的风险；③生产风险，对于产品创新来说，开发出来的新产品能否大规模生产、原材料来源是否有保障都具有不确定性；④财务和政策风险，几乎大部分创新都会不同程度地遇到中途资金不足的问题，甚至资金链断裂，而融资渠道不畅导致创新流产的情况也经常发生，政府产业政策具有阶段性等也会影响产业的发展；⑤管理风险，主要是指企业组织内部关系及企业与企业之间关系的不协调等（汪艳红，2007）。

5．地域性

对处于工业化初始阶段的国家而言，其农业可以被视为传统产业，而工业可以被视为新兴产业；而在技术先进国家，一般农业可以是传统产业，而生物科技农业则可以被视为新兴产业。

1.1.2　战略性新兴产业的内涵及特征

"战略性新兴产业"是我国特定环境条件下的提法。在国际上，仅有"新兴产业"或"战略产业"的概念。目前学术界对于"战略性新兴产业"还没有一个统一的定义，对它的认识还处于一个不断深化和完善的过程当中。

从内涵上看，战略性新兴产业是以新兴技术为支撑，具有广阔的市场需求前景和很强的产业带动性，对经济社会发展和国家安全具有重大和长远影响，能引领未来经济社会可持续发展的战略方向，并能够成为未来经济发展中的支柱产业的产业。战略性新兴产业在技术基础、动态过程和发展效应方面，具有显著的特征。

从技术基础上看，一方面，战略性新兴产业以新（兴）技术为基础，持续不断地获取新（兴）技术，掌握核心技术是产业形成发展的先决条件；另一方面，战略性新兴产业的发展，需要大批高水平专业技术人才，他们是产业创新与发展的源泉。技术驱动是战略性新兴产业发展的重要动力之一。

从动态过程看，战略性新兴产业具有全局性、成长性、先导性和动态性。全局性是指该产业对国民经济具有整体性影响，它的发展对国民经济总量、就业、竞争力和持续稳定发展具有直接影响；成长性是指该产业成长空间大，市场潜力大；先导性是指该产业相对现有需求和相关产业而言，能引领需求，带动相关产业发展；动态性决定了战略性新兴产业具有一定的风险性。

从发展效应看，战略性新兴产业具有资源集约性、环境友好性和经济高效性，即产业发展能高效率地使用资源和能源、具有环境友好和可持续发展的特征，并能获得很高的经济效益。

根据战略性新兴产业的内涵，并从战略性新兴产业所在区域的科技、经济、环境、社会条件出发，《国务院关于加快培育和发展战略性新兴产业的决定》指出：根据战略性新兴产业的特征，立足我国国情和科技、产业基础，现阶段重点培育和发展节能环保、新一代信息技术、生物、高端装备制造、新能源、新材料、新能源汽车等产业。

1.2　战略性新兴产业与其他产业的区别和联系

1.2.1　其他产业概念

主导产业，根据罗斯托的观点，是指某一经济体在经济发展的某个阶段对产业的发展起导向和带动作用，拥有广阔的市场前景和技术创新能力的产业，这些产业是国民经济的"龙头"。其主要特征如下：能够依靠科技进步和创新形成新的生产函数，保持持续高速的增长率，具有较强的产业关联性，并对整个产业结构的变动起到了关键的作用（石奇，2011）。不同国家或一个国家不同的经济发展阶段主导产业一般是不同的，主导产业选择的正确与否直接决定着地区产业结构的性质与发展水平，代表着一个国家或地区特有的经济发展模式。

支柱产业，一般认为，是指一定时期内，在一个国家或地区的国民经济中占有较大比重，在区域产业及经济增长中对总量控制影响较大，对其他产业发展的影响也比较大，具有举足轻重作用的产业（苏东水，2005）。支柱产业的特征非常明显，注重产值和利润水平，产业规模大，对国民经济的发展起支撑作用。它在科技发展、产值增长、发展速度等方面对经济发展有重大影响，在一定时期内构成一个国家或地区产业体系的主体。

传统产业，一般是指一国或地区发展时间较长，生产技术已经基本成熟，对国民经济的贡献度逐渐下降，资源利用率和环保水平较低的产业。

1.2.2　战略性新兴产业与其他产业的联系

战略性新兴产业是在一定经济发展和技术创新条件下形成的，并不是一成不变的，它的产生和发展是动态的；随着科技进步和经济水平的提高会产生更替，战略性新兴产业经过一段时期的发展后可能逐步成长为主导产业或支柱产业。从产业发展的角度看，战略性新兴产业与主导产业、支柱产业具有一定的联系。

战略性新兴产业有可能成为主导产业。主导产业虽具有战略地位但不一定是新兴的，主导产业有可能是眼下已有成熟产业，但其未来的发展前景需要进一步评估。可以将战略性新兴产业作为先导产业来培育，其最终的发展态势是演变成主导产业。战略性新兴产业与主导产业在产业关联性方面有很大相似性，产业影响力大，带动性强，对其他产业具有回顾效应、旁侧效应和前向效应，能带动产业集群发展壮大。

战略性新兴产业的长远发展目标是支柱产业。支柱产业侧重产值和利润水平，是国家和地方财政最重要的收入来源。支柱产业强调大规模的产出，强调当下，即现在比重大的产业就是支柱产业，即便比重呈下降趋势，只要比重还较大，仍可称为支柱产业。战略性新兴产业的发展目标是成为国民经济中的支柱产业。战略性新兴产业与支柱产业在产业倍增性方面存在着较大的一致性。两者都具有大大超出国民经济总增长率的持续高速增长的部门增长率，体现着一国在一定时期的经济发展方向，并且社会对该产业产品的现实和潜在需求将日趋扩大，两者能够获得比其他产业更高的增长率。

战略性新兴产业是新兴产业的一部分。它必须符合新兴产业自身的特征，也就是说，它是随着新的科研成果和新兴技术的发明应用而出现的，但在一段时间内产业的成熟度不高、价值链条不完整、市场需求不显著。战略性新兴产业是新兴产业中能够成长为先导产业、主导产业或支柱产业的那部分。这里内嵌了将来时的考量，也就是说某些新兴产业虽然目前产值不高、效益不明显、引导性不强，但是经过一段时间的政策扶持和发展，能够在未来产生较高的增加值和利润，或者引领其他产业的发展方向，进而升级为国民经济的主导产业、先导产业或支柱产业。

1.2.3　战略性新兴产业与其他产业的区别

在国民经济的产业体系中，由于各个产业的特征、地位和作用不同，各个产业也存在一定的差别，战略性新兴产业与主导产业、支柱产业、传统产业的主要区别如下。

从产业生命周期的角度来看，战略性新兴产业一般处在产业生命周期中萌芽和成长初期，主导产业一般处于成长期，支柱产业则处于成熟期或步入衰退期，传统产业一般处于衰退期。

从产业自身的内涵来看，战略性新兴产业是指具有远大发展潜力和前景的、正在茁壮成长的、影响力和地位逐步上升的产业；主导产业则主要强调产业的导向性、关联性和带动性；而支柱产业主要是从它在国民经济中的地位以及国民经济的发展与构成角度来考虑，强调产业的支柱性和强关联性。

从产业发展时间上来看，战略性新兴产业着眼于未来的发展趋势，主导产业着眼于短期的现在和未来，支柱产业则强调现在，而传统产业没有明显的时间期限。

从产业的技术基础来看，技术发展具有动态性。从现在的技术发展情况来看，新兴产业和主导产业是以新兴技术为基础而形成和发展的，主导产业的技术基础是新技术，传统产业的技术基础则是一般性的技术。

战略性新兴产业与主导产业、支柱产业、传统产业的主要区别如表 1-1 所示。

表 1-1　战略性新兴产业与主导产业、支柱产业、传统产业的主要区别

	战略性新兴产业	主导产业	支柱产业	传统产业
时间上	长期未来	短期未来	现在	没有严格的时间性
技术基础	新兴技术	新兴技术	新技术	一般技术
关联性	弱关联性	强关联性	一般关联	弱关联性
产业周期阶段	孕育或成长	成长	成熟	衰退

1.3　战略性新兴产业形成与发展的相关理论基础

为了研究战略性新兴产业的形成与发展，需要了解新兴技术演化、产业生命周期及复杂系统等理论，为此本书的主要理论基础是技术演化理论、产业生命周期理论、复杂系统理论。

1.3.1　技术演化理论

1. 技术范式

1962 年，库恩提出"范式"概念（库恩，2003），用来分析科学理论研究的演进方式。"范式"概念比较成功地解释了科学革命的现象，把新旧科学理论之间的革命看成是范式的革命。1982 年，多西（Dosi，1982）将这个"范式"概念引入技术创新研究领域中，提出"技术范式"（technological paradigm）的概念，他根据库恩的科学范式定义，把技术范式定义为模型，技术范式就是解决技术问题的一种模式。"技术范式"规定着技术的领域、程序、问题和任务，具有强烈的排他性。"技术范式"规定了进一步创新的机会和如何利用这些机会的基本程序。一旦规定出技术的经济量纲，技术就会在这些量纲的多维权衡和改进中发展，从而表现出方向性；"技术范式"进而决定了技术演化的方向。

2. 技术轨道

20 世纪 80 年代初，Nelson 和 Winter（1982）提出了自然轨道（natural trajectories）的概念，用以描述和刻画技术发展过程中的某些特征：在许多领域中技术进步具有层次递进性，特别是在高新技术行业里，技术进步具有自我增强性。他们指出，"一项创新性研究与开发的成功，不仅为一个企业带来了一种较好的技术，而且为下个时期进行的搜寻提供了更高的平台"。

Dosi（1982）受自然轨道概念的启发，融合科学范式与自然轨道的思想，于1982年提出技术轨道的概念，认为技术轨道是在技术范式规定的范围内所进行的常规的解题活动，是由技术范式所确定的技术创新模式。他指出，一种技术轨道内包含了许多可能的技术发展方向。工程师及他们所在的组织，他们的工作和技术思考，都会集中在明确的方向上，对其他的技术产生的可能性持排斥性选择态度。技术范式限定着技术轨道的发展方向。

1988年，多西又进一步把技术轨道定义为经过经济的和技术的要素权衡折中，由技术范式所限定的技术轨迹（Dosi，1992）。技术轨道并不是确定性选择，每项技术在科学研发后出现，它们有不同的技术定位、方向和能力，在技术发展的过程中存在着"技术范式"的竞争，这种竞争既有新旧技术范式的竞争，也有各种新技术范式之间的竞争，如数码照相技术与感光胶片技术的竞争和替代过程，就是新旧技术范式的竞争。正是由于技术所包含的知识基础的复杂性和市场的接受度不同，技术的发展才表现为"在技术范式的规定下，沿着技术轨道方向发展的一种强选择性的进化活动"。

技术范式和技术轨道理论指出，技术是在技术范式界定的前进方向和技术轨道规定的前进路径上向前发展的。因此，技术演化理论是在技术范式和技术轨道理论的基础上产生的。

3. 主导设计与生命周期

1975年，Utterback和Abernathy在对产业创新进行研究时提出了主导设计概念，认为主导设计是由以前独立的技术变异所引发的多项技术创新整合而形成的特征集，它的出现为某个产品类别建立了居于主导地位的单一技术轨道，其他的技术轨道则遭到市场的淘汰（Utterback and Abernathy，1975）。

他们又在1978年提出了技术演化的A-U模型，将技术演化过程分为三个阶段，即流动性阶段、转型阶段和固化阶段（Abernathy and Utterback，1978）。在流动性阶段中，产业内各企业为了满足顾客的需求，进行各种产品设计。在这一时期，研发活动具有不确定性，因为市场中通用的技术标准还未形成，技术的稳定性还有待提高；同时企业的研发目标是产品创新，企业竞争的中心是产品竞争，企业竞争的目的是使自己的产品成为行业标准，当市场接纳了某一特定产品和主导设计后，流动性阶段发展为转型阶段。在转型阶段中，企业的研发重点从产品创新转变为工艺创新，此时企业间的竞争以成本竞争为主。在固化阶段中，企业的目标是使用更高效的手段来生产固定的产品，产品越来越标准化，此时以工艺创新为主。图1-1描述了A-U模型。

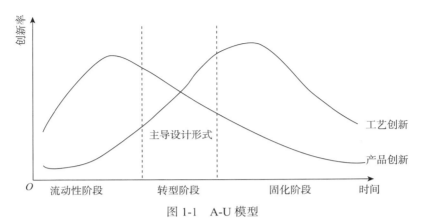

图 1-1　A-U 模型

资料来源：Abernathy 和 Utterback（1978）

　　主导设计的出现改变了企业和产业内的竞争和创新状况，产业参与者之间的技术博弈也发生了显著变化。具体来说，在基于某种新的技术范式的新兴产业出现之初，不同的企业可能沿着不同的技术轨道进行技术创新投入，并努力使自己企业的技术轨道被行业认可，此时产业技术的演化特征表现为在同一技术范式下不同技术轨道之间的竞争（宋艳，2011）。而在新兴产业成长初期，被大多数企业认同的技术轨道会更具有成为主导设计的潜力。随着主导设计的出现，特定的技术轨道被行业内的所有企业认可和采纳，各个企业的创新投入不再是沿着自己原来的技术轨道进行，而是沿着主导设计所选择的技术轨道进行。此时，主导设计所遵循的技术轨道被称为产业技术轨道。产业技术轨道出现后，产业技术的演化特征表现为技术性能沿着产业技术轨道的方向发展变化。

　　1990 年，Anderson 和 Tushman 提出了"技术生命周期"理论，对"技术范式"、"技术轨道"和"主导设计"之间的关系进行了很好的解释。他们认为：一个新技术产生于技术的非连续状态，经过技术之间的激烈竞争后产生主导设计范式，并随后进入渐进创新阶段，直到新的技术非连续状态出现为止（Anderson and Tushman，1990）。

　　也有学者利用技术生命周期曲线来显示技术演进轨迹，具体如图 1-2 所示（李正卫，2005）；虽然表示方式不同，但二者表达的实质含义是一致的，即新技术来源于非连续状态，由竞争产生主导设计并进入渐进变化阶段，直到新的不连续状态出现。

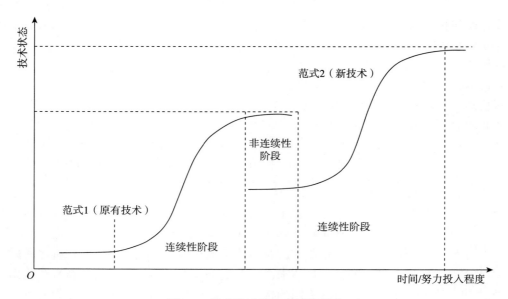

图 1-2　技术演进的生命周期理论

　　产业的形成和发展过程，也是产业技术的演化过程，存在着同一技术范式内的不同技术轨道之间竞争和不同技术范式之间的竞争。在新兴产业形成初期，可能出现在同一技术范式下不同技术按照不同的技术轨道发展的情况，在主导设计出现后，产业技术轨道形成，一段时期内技术性能沿着产业技术轨道的方向发展变化，而随着技术的发展可能会出现新的技术范式，会使产业向更高一级的层次演化。

　　因此，可以利用技术演化理论来研究战略性新兴产业形成过程中技术的演化情况，以此来分析产业形成与发展情况。

1.3.2　产业生命周期理论

　　产业生命周期就是一个产业从产生到衰亡的发展过程，这个过程类似生物的生命周期过程，所以称其为产业生命周期。产业生命周期理论是在 Vernon（1966）的产品生命周期理论的基础之上逐步形成和发展而来的。产业生命周期理论经过 20 世纪 70 年代 Abernathy 和 Utterback 共同提出的 A-U 模型，到 80 年代由 Gort 和 Klepper 提出的 G-K 产业生命周期理论（Gort and Klepper，1982），再到 90 年代 Klepper 和 Graddy 的 K-G 产业生命周期理论（Klepper and Graddy，1990），经过多方融合逐步走向成熟。

　　产业生命周期理论认为产业的演化过程包括四个阶段，即萌芽期、成长期、成熟期和衰退期四个阶段；它通常可以用一条位于以产业销售额为纵轴、以时间为横轴的坐标中的 S 形曲线表示（吕明元，2007）。产业在每个阶段表现出不同的特征（黄凯南，2007）：在萌芽期，产业技术或工艺还不够成熟；产品品种单一，质量不高；市场规模小，需求增长缓慢；产业利润单薄，经营一般处于亏损或微利状态，产业的进入壁垒不高。在成长期，大量企业进入，产业的多样性增强，产业的主导技术尚未被选择出来，企业间竞争压力增大，较之萌芽期，企业的模仿和创新能力增强。在成熟期，产业技术逐渐成熟，越来越接近技术空间边界，产业主导创新技术被选择出，企业创新潜力下降，而模仿潜力上升，较之成长期，产业发展依赖于产业中少数主导型企业，企业间竞争激烈，进入壁垒高。而到了衰退期，产业技术落后，需求逐渐减少，销售量下降，企业数目减少。

从上面对产业生命周期理论的阐述可以看出，产业的形成与发展具有阶段性。对于单个产业的产生、成长和进化过程，可以用产业生命周期理论来描述。战略性新兴产业也不例外，对战略性新兴产业的形成与发展的研究，可以利用产业生命周期理论。

1.3.3　复杂系统理论

复杂系统理论是一门以探讨一般的演化动力规律为目的，以系统的整体行为为主要研究目标和描述对象，用主体及其相互作用关系来描述系统动力学（system dynamic）行为的科学（钱学森，2001）。在复杂系统理论中，自组织（self-organization）理论和复杂适应系统理论对于研究产业形成和发展有重要的指导意义。

1977 年，Prigogine 和 Stengers 提出耗散结构理论，沟通了生命系统和非生命系统的内在联系，从而说明这两类大系统之间并没有严格的界限；他们还使用"自组织"的概念来描述那些自发出现或形成有序结构的过程（Prigogine and Stengers，1984）。随后，Haken（1983）进一步对自组织进行了定义，认为自组织是在没有外界环境的干涉下，一个体系获得时间的、空间的或功能的结构的自然过程；并提出协同学，沟通了微观与宏观之间的通路，使系统在宏观上表现出来的规律与微观的运动联系起来。随着自组织理论研究的发展，现在已经形成完整的理论体系，耗散结构理论为自组织理论的形成提供了条件方法论；协同学理论为自组织理论的形成提供了动力学方法论；突变理论为自组织理论的形成提供了演化途径方法论；超循环理论为自组织理论的形成提供了集成方法论（谢雄标和严良，2009）。

美国学者 Holland 认为"适应性造就了复杂性"，并于 1992 年提出了复杂适应性系统（complex adaptive system，CAS）理论，把组成系统的成员看做具有适应性的主体（adaptive agents）（Holland，1992）。该理论主要用于研究，一个由多个子系统组成的复杂系统在面对外部环境发生变化时，如何实现自身适应度的提升的过程。该系统的构成主体是具有能动性、目的性和适应性的个体，它在持续不断地与外部环境及其他主体的交流互动中学习知识和积累经验，并根据学到的知识改变自身的结构和行为方式，以达到自身环境适应能力的提升。同时，系统内各个主体适应性的提升会被综合反映到系统整体适应性的提升上，这也就是系统演化的基本动因。复杂适应性系统的研究方法主要是采用计算机仿真，将其作为研究工具，它是目前复杂系统理论的研究热点之一。

　　战略性新兴产业的形成可被看做一个复杂适应系统，它是由许多具有不同心智模式的行为主体构成的，包括产业技术提供者、产业产品的生产者、产业政策的制定者、消费者（产业产品的最终购买者）等。相对于整个系统来说，单个行为主体的决策具有一定的随机性和无目的性，似乎对整个产业系统的演化影响不大。但从系统整体观的角度来看，正是由于系统内各个行为主体之间的联系、交流和反馈，整个系统才表现出自组织的特征。战略性新兴产业的形成实际上是一个微观机制作用下的宏观涌现现象，是各行为主体协同演化的过程。因此，以自组织、非线性和混沌为研究对象的复杂系统理论，对研究战略性新兴产业形成与发展过程中的内外环境影响因素和内在作用机制具有重要的指导价值，是研究新兴产业形成与发展的重要理论基础。

第2章 战略性新兴产业起源、形成过程与动力因素分析

目前，人们越来越认识到科学和产业的相互作用是创新生态学的一个重要方面（Caraça et al.，2009）。但这些研究大多关注的是产业演化而很少关注产业的形成（Malerba，2007）。在产业演化的模型里，更多的是对产业演化后期的研究，而对产业演化前期（产业形成阶段）的研究较少。因此，本章对战略性新兴产业形成的早期阶段进行研究，探索战略性新兴产业的起源、形成过程及阶段性特征和形成的动力因素。对战略性新兴产业起源、形成过程、形成的动力因素的研究，能够使人们更好地理解它的形成过程、阶段性特征、动力机制，并能够为人们关注它目前和将来发展的状况提供更好的指导，进而为培育和发展战略性新兴产业提供战略决策依据。

2.1 战略性新兴产业的起源

由于目前尚缺乏对"产业"这个概念的一致性的定义（Tikkanen，2008），所以描述和研究产业的形成更具有挑战性。Clegg 等（2007）指出，产业的性质是随着时间的推移而变化的，对产业的定义与人的感知和认知状态相联系。因此，很难定义一个产业是从什么时间开始的，也很难判断一个产业具体处于哪个阶段（Utterback，1994）。

传统经济学认为，由于产业形成过程的复杂性，其过程不是线性的，而是许多因素相互作用的结果。为了更好地理解产业形成的动态性，许多学者利用生命周期理论将产业演化分解成四个不同的阶段，即孕育期、成长期、成熟期和衰退期（Klepper，1997）。Phaal 等（2009）认为科学的发展是技术密集型产业出现的先决条件，并将产业演化划分为六个阶段，即先导期、胚胎期、孕育期、成长期、成熟期和衰退期/新生期，其中先导期和胚胎期包括科学研究和技术应用阶段。他们实际上是把以前的产业生命周期中的阶段论向前扩展两个阶

段，认为产业的演化也应包括科学研究和技术应用阶段，而这两个阶段属于技术创新研究范畴，这就为从技术管理的角度来研究战略性新兴产业形成问题提供了借鉴。因此，本节借鉴 Phaal 等对产业演化阶段划分的思想，首先来探索战略性新兴产业的起源问题。

在探讨战略性新兴产业的起源问题之前，需要对来源于不连续创新的新兴技术及其产业化进行论述。

2.1.1　新兴技术

新兴技术是在 20 世纪 90 年代中期出现的一个专用名词，按照美国宾夕法尼亚大学沃顿商学院 Day 等（2000）的定义：新兴技术是指建立在科学基础上的革新，它可能创造一个新行业或者改变某个老行业。它不仅包括产生于根本性创新的突破性技术，如生物技术、太阳能光伏技术等，还包括通过集成多个过去独立的研究成果而更具创新性的技术，如集成电路技术、互联网技术等。

在上述关于新兴技术定义的基础上，国内一些学者也纷纷给出了自己对新兴技术内涵的界定。

鲁若愚和张红琪（2005）认为新兴技术是一种新观念、新方法、新发明，它以科学理论为基础，能够创造一个新的行业或者能够改变一个现有行业，并能够对经济结构产生重大影响。吴东和张徽燕（2005）认为新兴技术是指那些"正在出现的、具有较大发展潜力的，并对行业经济或产业结构产生较大影响的技术"。宋艳和银路（2007）认为，新兴技术是指那些新近出现或正在发展的，对经济结构或行业发展产生重要影响的高技术，并指出新兴技术必须同时具备三个要素：①该技术正在形成或发展之中，是刚刚出现的技术；②该技术能对经济结构或行业发展产生重要影响；③该技术是高技术。李仕明（2007）认为新兴技术是"建立在信息技术、生物技术和其他学科发展基础上的，具有潜在产业前景，发展、需求和管理具有高度不确定性，正在涌现并可能导致产业、企业、竞争以及管理思维、业务流程、组织结构、经营模式产生巨大变革的技术"。卢文光和黄鲁成（2008）将新兴技术定义为"正在形成或发展的，极有可能创造一个新行业或者深刻影响现有行业的创新性技术"。

从上面的论述可以看出，虽然不同的学者对新兴技术给出不同的定义，但他们都认为，技术、市场的不确定性对产业的创造性毁灭，以及对经济发展的巨大驱动性，构成了新兴技术区别于传统技术最显著的特点。

因此，从对产业的影响角度来看，新兴技术是指将会对产业或经济结构产生重要影响的技术。正是因为新兴技术将会产生重要的影响，所以它的广泛应用将会创造一个新产业或改变一个现有产业。

2.1.2　新兴技术产业化

从动态发展的角度来考虑，技术的发展大致可以分为三个阶段，即科学研究阶段、技术试验阶段和产业化阶段。在我国早期的技术发展研究中，并没有使用技术产业化这个概念，学者们主要使用科技成果转化这个概念。而科技成果转化的过程一般被分为基础研究、应用研究、开发研究和应用阶段，其中应用阶段就是指科技成果转化为商品（王吉武，2008）。近几年，关于技术发展的研究逐渐认为，技术产业化过程包括科学研究、试验开发、成果应用、商业化及产业化规模生产。

作为技术的一种，新兴技术的产业化阶段的划分不可避免地要借鉴技术产业化阶段的划分。有学者认为技术产业化是一个纵向发展过程，从最初的构想开始到形成产业，一般要经历四个不同的阶段（赵旭，2004），即理论研究及实验阶段、雏形开发与中试阶段、试点生产和产业化阶段（规模化大生产阶段）。具体来讲，一是实验与发明创造，即从科学理论或生产实践问题出发，提出新成果并通过大量实验形成发明创造；二是产品雏形与中试，对实验室的技术产品进行试验测试，并在将其转化为商品的过程中进行大规模的工艺生产中试，同时还要考虑实际生产情况的要求；三是试点生产与商业化，中试效果好并被认为有广阔市场前景的产品可考虑新建、改建或扩建生产线，以企业的形式进入市场，初步形成试点生产能力和实现商业化；四是规模化大生产，包括建设完善的市场营销网络，构建包装、运输、生产过程的管理体系，以及建立品牌等。

卢文光（2008）在借鉴其他学者关于技术产业化的研究成果的基础上，认为新兴技术产业化是指新兴技术成果向生产力转化的过程，即新兴技术通过研究开发、应用、扩散而不断形成产业的过程；新兴技术产业化表现为：一是在新兴技术基础上进行创新产品生产，并通过技术和产品的扩散，形成新产业；二是利用新兴技术对传统产业进行技术改造，引导传统产业的调整和重组，使传统产业不断升级。

2.1.3　战略性新兴产业的产生

当把产业演化的阶段扩展到科学研究阶段时，就可以从创新的角度来研究产业的起源问题。目前对于新兴产业的起源问题，不同的学者也从不同的角度进行了不同的描述。Harfield（1999）通过对熊彼特的创新理论的研究，认为在现代市场经济条件下，技术的创新、技术的进步、技术在空间的转移，是新兴产业成长乃至成熟的主要因素；新兴产业是随着新的科研成果和新兴技术的发明应用而出现的新的部门和行业，原有技术的创新和新技术的不断突破、产生是新兴产业发展的基础。Hung 和 Chu（2006）从公共管理部门的角度来研究如何使新兴技术转化为新兴产业，认为从新兴技术到新兴产业的过渡阶段是一个复杂的过程，这个过程中的核心任务是利用已有的知识条件塑造产业演化的模式，实现商业化。

也有学者从产业形成与发展的实证角度来进行研究。Müller（2002）、Valk 等（2009）分别研究了生物技术产业在德国、荷兰的发展情况，指出生物技术成果的产业化是生物技术产业形成和发展的原动力。Phaal 等（2009）对 20 个不同的技术密集型产业的形成和发展历史进行了研究，指出技术密集型产业的形成过程实际就是由科学到技术、应用、市场的过程。

根据上面的论述，结合新兴技术的概念和特征以及新兴技术产业化过程可知，战略性新兴产业来源于新兴技术的产业化。

以新兴技术为基础的战略性新兴产业形成后，它的创新性远远超过了新兴技术本身，将会对社会变革、产业结构、生产生活方式、思维方式乃至观念意识等造成深远的影响，这些产业包括互联网产业、生物医药产业等。

2.2　战略性新兴产业形成过程及阶段性特征

2.2.1　战略性新兴产业形成过程

从 2.1 节对战略性新兴产业的起源问题的探索可知，战略性新兴产业的形成过程也是新兴技术产业化的过程。但从微观的产业分析角度来看，战略性新兴产业形成过程遵循着以科学理论发展和社会需求为前提，从科学到技术，再到应用，再到市场，最后到新兴企业及产业链形成的过程，整个形成过程如图 2-1 所示。

具体来看，以科学理论为基础的技术发明出现后，经过实验阶段、产品雏形开发和中试阶段、试点生产阶段、市场销售阶段及规模化生产阶段后，会导致新企业的产生和成长；随着产品技术与生产工艺技术的不断改进和完善，产品开始具有统一的标准，质量体系也基本建立，消费者对产品已基本接受，市场不确定因素减少，受少数在位企业获取巨额市场利润的诱惑，大量投资者开始进入该产业进行投资，产业内企业数量和产业规模不断扩大，企业间的协作和交易逐渐频

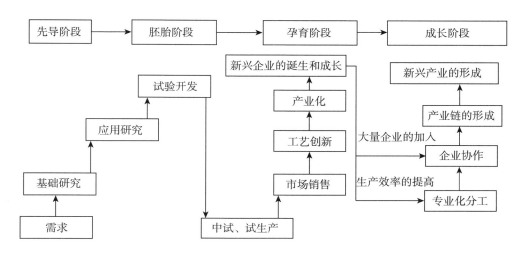

图 2-1 战略性新兴产业形成过程

繁，专业化的供应商和专业化分工出现，导致产业链的形成和产业结构的不断变革，进而导致新兴产业的形成。

2.2.2 战略性新兴产业形成阶段性特征

从战略性新兴产业形成过程可以看出，战略性新兴产业形成过程具有阶段性。然而目前关于产业阶段的划分方法尚未统一。一般是依据产业生命周期理论，从产业技术、产业组织和产业规模来划分，但由于产业技术很难量化，学者们往往以产业组织和产业规模为依据进行划分。Gort 和 Klepper（1982）利用产业内企业数量的变化对产业演进的阶段进行了划分。范从来和袁静（2002）通过对 1987～2000 年我国上市公司的产出增长率的研究来对上市公司所处的各行业进行阶段识别研究。Tikkanen（2008）利用产品销售量的增长速度的转折点来定义产业的不同阶段。

由于战略性新兴产业形成过程中数据的难获得性，本书只是探索性地利用 Phaal 等（2009）对产业演化阶段的划分方法，对战略性新兴产业形成过程进行了四个阶段的划分，大致划分为先导阶段、胚胎阶段、孕育阶段和成长阶段。从战略性新兴产业的形成过程可知，战略性新兴产业在形成过程的每个阶段具有不同的特征，下面对每个阶段的特征进行初步探讨。

（1）先导阶段。战略性新兴产业的最原始时期表现为，通过对一些现象的研究形成科学的理论，从而刺激研究者进行应用研究，并吸引投资者的目光。

（2）胚胎阶段。此阶段主要的活动集中表现为在需求的驱动下将应用科学的潜在能力转化为技术,表明技术有足够的能力成为满足需求的功能系统的一部分;并持续改进技术的可靠性和性能,直到形成满足需求的产品雏形。

（3）孕育阶段。个别具有创新能力的企业,通过对市场需求的准确把握,凭借企业自身的研发经验和资源禀赋,将研发活动集中在对产品的持续开发,直至形成可以展示给消费者的技术产品,从而导致第一次商业销售;然后通过持续的技术和工艺创新提高产品性能、降低价格和扩大应用领域,直到能够开发大型市场,实现科学技术的商业化。

（4）成长阶段。在广阔市场需求和潜在需求的驱动下,受少数在位企业获取巨额市场利润的诱惑,大量投资者开始进入该产业进行投资,大量的企业加入生产同类产品或提供相关服务的行列中,产业内企业数量和产业规模不断扩大,企业间的协作和交易逐渐频繁,专业化的供应商和专业化分工出现,导致产业链的形成和产业结构的不断变革,进而导致新兴产业的形成。

2.3   战略性新兴产业形成的动力因素系统

由前面的分析可知,战略性新兴产业的形成过程是一个动态连续的过程,具有阶段性、动态性和复杂性。战略性新兴产业按照一定的路径进行演化,会有不同的影响因素对其演化过程产生不同影响,其中必然会有动力因素,也会有其动力机制。了解和掌握哪些因素对战略性新兴产业的形成过程产生不同程度的影响,特别是战略性新兴产业形成过程的不同阶段中不同动力因素的具体影响程度,将对政府决策部门和企业具有重要的指导作用。

为了充分理解和认识战略性新兴产业形成的动力因素,首先需要对战略性新兴产业形成的影响因素进行分析。

2.3.1   战略性新兴产业形成的影响因素分析

虽然目前学术界很少直接谈"战略性新兴产业形成的影响因素",但关于产业演化影响因素的研究较多,这就为分析战略性新兴产业形成的影响因素提供了参考和借鉴依据。目前关于产业演化影响因素的研究成果较多,主要影响因素包括需求、技术、政策、分工、资源要素等。

Spender（1989）指出,产业本身是复杂的社会经济系统中的一个子系统,单从某一方面似乎难以解释产业的演化问题;产业演化的系统思考就是把产业置于社会经济这一大系统中,通过对系统各种作用力及其相互作用关系的分析来寻找产业演化的真正动力。Sampler（1998）根据对产业演化影响因素的综合分析，指出影响产业演化的主要因素有需求、供给、分工和技术，这四个因素形成相互作用的、加强的良性循环。他在对技术驱动因素分析时指出，技术是人类社会进步的主要推动力，也是产业演化的催化剂。陆国庆（2002）利用系统分析法对产业演进进行了研究，认为技术、供给、需求和分工是产业演进的四个动力系统，这四个动力系统相互联系、相互作用，共同推动产业的演进。隋广军等（2004）认为，产业生成是一组动力因素相互作用的结果，并提出产业演化动力因素的圈层模型，该模型包括核心层、支持层和辅助层，其中支持层由技术、市场和政府三大动力因素组成，辅助层包括基础设施、自然和人文环境，这些动力因素相辅相成、协同作用，共同驱动产业演进。

Wiser 等（1999）对美国若干州的风电产业进行了实证研究，结果表明，各州政府支持利用可再生能源的政策是风电产业发展的主要原因。Brannback 和 Wiklund（2001）在对芬兰食品产业进行研究时指出，技术和市场是食品产业发展的主要驱动力，生物技术的发展、企业获取和创造新知识的能力是食品产业发展重要的依托。Malerba 等（2001）以计算机产业为例研究了政府政策对产业演化的影响，指出政府采购、补贴和 R&D 投入对产业的发展有着重要的影响作用。向吉英（2005）从市场需求、技术创新、产业竞争、政策、投资等方面分析了影响产业成长的动力因素。盛昭瀚和高洁（2007）为研究产业的演化，建立了"新熊彼特"式的产业演化模型，以此来分析产业内不同企业的研发策略、投资决策、技术创新能力，以及产业特征之间的相互作用和产业竞争动态，并指出技术创新的原动力作用。

Wang（2008）以美国和英国电视机产业为例研究了市场需求与产业演化之间的关系，指出市场需求的变化对产业演化有着重要影响。Ma（2011）认为能源产业的形成与发展动力包括技术进步、市场需求、产业链的构建、政府政策和产业发展环境，其中技术进步、市场需求和产业链的构建组成内部动力系统，政府政策和产业发展环境组成外部动力系统，内外两个系统协同作用共同驱动着新能源产业的发展。宋国宇等（2011）认为，产业演化的动力包括外源动力和内源动力，外源动力主要来源于市场需求、竞争对手、政府产业政策和技术进步等，内源动力主要来源于资源要素及其结构，以及企业间竞争与协作的相互作用所产生的产业自组织力，各种内外动力因素的交互作用共同驱动产业演化。

战略性新兴产业形成过程隶属于产业演化的早期阶段，因此，关于产业演化的影响因素，也适用于战略性新兴产业的形成阶段。从上面的文献分析不难看出，影响战略性新兴产业形成和发展的影响因素很多，且具有系统性、动态性和多维性的特点。但可以将战略性新兴产业形成过程中错综复杂的影响因素归纳为四个主要影响因素系统，即技术创新、市场需求、政府行为和资源要素。

2.3.2 战略性新兴产业形成的动力因素系统分析

在探讨战略性新兴产业形成的动力系统之前，必须明白产业是一个复杂的系统，产业的形成是一个演化过程。产业演化的动态模式是复杂的相互作用和适应过程的结果。

产业的形成和发展是产业自身的逻辑演进和社会型塑作用的辩证统一。产业自身的逻辑演进是指产业的形成与发展始终受到自然条件、资源禀赋、科技知识等因素的制约，以既有的技术和产业基础为支撑。社会型塑作用是指产业在社会需求、社会选择、文化背景、价值观念等社会各要素之间的互动中选择发展方向。社会需求是产业发展的重要引擎，它推动着生产的发展，使需求通过生产得到满足；需求的满足又产生新的需求，新的需求又诱导人们研发新产品，开辟新的生产领域，从而不断推动产业向前发展。社会的选择、文化背景、价值观念等则是通过社会对产业的调控来完成的。正是产业自身的逻辑演进与这些综合的社会因素、环境与需求的共同作用，决定了产业形成和发展的路径（刘红玉等，2011）。从宏观的产业形成和发展层面看，战略性新兴产业的形成也遵循着产业形成与发展的共性规律，它是产业自身逻辑的演变及社会型塑作用互动的结果。

从微观层面上看，战略性新兴产业来源于新兴技术的产业化，而新兴技术产业化是一个连续、复杂、长期的过程，且影响因素众多，既有技术自身的因素，也有市场因素，还包括政策、资源、环境和社会等因素。其中主要的影响因素有社会发展对新兴技术的需求、新兴技术发展水平、市场机制、人力资源、资金、政府行为、管理水平、宏观经济和法律环境等。这些影响因素在新兴技术产业化过程系统中可以大致分为两类：一类影响因素是系统的组成要素，如市场、资金、人力资源和技术发展水平等，它们的特点是影响稳定和作用持久；另一类影响因素是系统的环境因素，如政策、法律法规、相关支撑产业、宏观经济环境等，它们最突出的特点是不稳定。这些因素之间相互作用、相互影响，推动或阻碍着新兴技术的产业化进程；从某种意义上来讲，它们影响、改变甚至塑造着新兴技术的产业化进程。

Nemet（2009）指出，要理解新兴产业的内部动力，重要的不是专注于单一的需求拉动或技术推动，而是专注这两种因素相互作用的关系，以及不同动力因素与其形成过程之间的协同进化关系。因此，综合上述产业宏观层面和微观层面的论述，本书认为战略性新兴产业形成的动力系统是一个以既有的资源要素禀赋为前提和基础，由市场需求、技术创新与政府行为等子系统协同作用构成的复杂动态系统。战略性新兴产业形成的动力因素系统结构如图 2-2 所示。

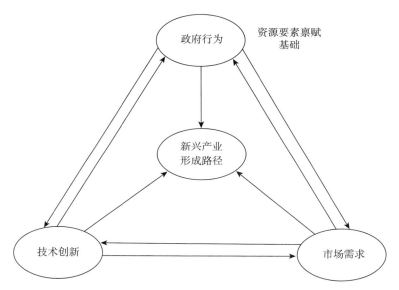

图 2-2　战略性新兴产业形成的动力因素系统结构

资源要素禀赋是战略性新兴产业形成的基础条件。现有的资源是一个新生事物形成和发展的重要先决条件，因为它们为事物的发展提供了基础；Schumpeter（1934）观察到这样的事实，他把创新看做重组现有的产品、工艺、材料和组织。创新永远也不是完全新颖的，它经常蕴涵在已有的事物中（Metcalfe，1998）。战略性新兴产业属于技术密集型产业，它的形成和发展必须依托资金、资本和高素质人才的充分供给、科学技术知识的积累和新兴技术成果的应用；这些资源要素为战略性新兴产业的形成奠定了基础。

市场需求是战略性新兴产业形成和发展的直接拉动力。新兴技术成果能够成功应用及产业化的前提，首先在于其功能符合了人类对生产、生活及自身某方面的潜在或显在需求。市场需求决定了新兴技术成果转化程度，是战略性新兴产业形成和发展的直接拉动力。

技术创新是战略性新兴产业形成和发展的内在动力。虽然没有市场需求，战略性新兴产业就不可产生和发展，但是有市场需求却没有相应的新兴技术支撑，战略性新兴产业也不可能出现；即使技术上有重大突破，但没有持续的创新，仍然不能实现科技成果的产业化，也不可能形成一个新的产业。因此，技

术的持续创新是战略性新兴产业形成和发展的内在动力。技术创新经过由量的
积累到质的飞跃升级为技术进步，重大的技术进步突变为技术革命。正如生物
进化中重大的基因突变孕育出新物种一样，重大的技术创新也会孕育出全新的
产业，并使传统产业进化、分化，引发产业革命，从而涌现一个新兴产业群
（Barley，1998）。

政府行为是战略性新兴产业形成和发展的助推剂。战略性新兴产业在胚胎期
和孕育期时往往技术系统还有待进一步成熟，需要经过大量的研发、试验和生产
才能逐渐趋于成熟和完善；并且市场还有很大的不确定性。这就意味着战略性新
兴产业的培育是一项高投入、高风险和收益不确定的事业，单纯依赖市场的调节
很难实现，需要政府的宏观引导和政策扶持。政府可以通过财政、税收、法律法
规等方面的行为，来扶助战略性新兴产业的形成和发展。

技术创新有着创造市场需求的能力，市场需求又促进着技术创新；政府通过
对研发和教育的投入及科技政策的实施等行为来影响技术创新，技术创新的程度
又反过来影响着政府行为的实施；政府通过政府采购和产业优惠政策的实施等行
为影响着市场需求，而市场需求状况也影响着政府行为的实施。因此，技术创新、
市场需求和政府行为构成了相互协同作用的动力系统，共同驱动着战略性新兴产
业的形成和发展。

2.4　战略性新兴产业形成的系统动力学模型

产业作为一个演化系统，必然有动力因素，也会有动力机制。要发现这些动
力因素和揭示其机制，可以利用系统理论方法。因此需要把战略性新兴产业的形
成放在一个综合的环境中，通过研究各种动力因素的协同作用关系来研究新兴产
业形成的动力机制。

从上面关于产业演化的影响因素的文献分析可知，目前关于新兴产业演化
的研究，都注重一个或多个因素对新兴产业形成的独立作用，尚未涉及各动力
因素之间的相互关系。而从多动力因素相互作用的角度揭示战略性新兴产业形
成的动力，才是亟待解决的重要问题。了解和掌握哪些动力因素对战略性新兴
产业的形成有着不同程度的影响，也将对政府决策部门和企业具有重要的指导
作用。

因此，本节利用系统动力学方法，构建战略性新兴产业形成的系统动力学模
型，研究战略性新兴产业形成过程中相关动力因素对产业形成的影响程度及其动
态关系，以此来探索战略性新兴产业形成的动力因素，揭示战略性新兴产业形成

的动力机制。

2.4.1　系统动力学

系统动力学是美国麻省理工学院 Forrester 创立的一门分析和研究系统结构、信息反馈、功能与行为空间之间动态和辩证关系的科学，也是一门认识系统问题和解决系统问题的交叉综合学科，还是通过建立仿真模型、借助计算机进行仿真实验的一种科学方法（王其藩，1994）。

系统动力学认为，系统是由构成系统的基本单元及它们之间的关系连接构成的。系统的内部各单元之间形成一种动态结构并在内外动力的作用下按一定的规律发展变化；系统的行为模式特征取决于系统内部的反馈机制和动态结构；系统是在内外动力和制约因素的相互作用下按照一定的规律发展变化的，它强调系统的整体性和非线性特征，采用整体的思考和分析方法，以及定量和定性相结合的方法来解决复杂系统的问题。系统动力学对问题的理解，基于系统行为与内在机制之间的相互紧密依赖关系，并运用因果关联图来反映系统内部错综复杂的关联关系，通过数学模型的建立与求解来发掘出产生变化形态的因果关系。

2.4.2　战略性新兴产业形成的特征

战略性新兴产业的形成是一个多主体相互协同作用的创新过程，技术创新、市场需求、政府行为、资源要素禀赋等是构成其推动力、拉动力及环境驱动力的重要因素，这些动力因素相互影响、相互作用，并贯穿于战略性新兴产业成长的全过程。战略性新兴产业形成过程具有以下特征。

1）系统性特征

战略性新兴产业形成过程具有系统特征，是参与各方的工作流、资金流、信息流在环境要素下相互作用的结果。在这一过程中，参与各方之间存在着结构性的差异，大学、科研院所、企业、政府及消费者都在发挥自己的不同作用；各影响因素之间存在相互联系、相互作用的关系。参与各方和影响因素之间构成相互联系、相互耦合、协同作用的复杂网络。

2）动态性特征

由于战略性新兴产业的形成过程中存在着信息流和价值流的运行，各个行为主体的状态都在随时间的变化而发生变化，具有较强的动态性。这种动态性主要表现在两个方面。一方面是战略性新兴产业的形成过程中的各种联系的动态性。市场需求的变化会带来产业形成过程中原有关系的变化，如企业与企业之间关系的变化，企业与大学、政府之间关系的变化；在新的需求驱动下，各行为主体会主动或被动地寻求新的关系组合，以适应环境的变化。另一方面是各行为主体自身也具有动态性。在战略性新兴产业的形成过程中，各行为主体只有保持自身的创新和动态发展，才能使自身保持核心竞争力。例如，企业需要随时根据市场需求的变化加大对产品和市场的开发力度，以保证自己的市场份额等。

3）开放性特征

开放性主要表现在两个方面。一方面，战略性新兴产业在形成过程中不断地与外界进行信息的交流，同时也受到外界因素的影响，这些因素主要有经济因素、环境因素、社会因素等。另一方面，战略性新兴产业的形成过程是由各个行为主体的相互联系、相互作用而构成的，各行为主体不断地进行经验知识的交流和传递，同时各个行为主体之间的联系也不会局限于某个特定区域；核心行为主体为了更快地获取更有效的信息，可以进行远距离的信息交流，并不断地向外界开辟新的市场。

2.4.3　战略性新兴产业形成的动力因素系统构成

从上面的论述可知，战略性新兴产业形成的动力系统是一个以一定的资源要素禀赋为基础的，由技术创新、市场需求和政府行为等子系统协同作用构成的复杂动态系统。这三个子系统又是分别由若干个要素协同作用构成的。而这个动力系统具有以下特点，适合运用系统动力学来对其动力机制进行研究。

首先，战略性新兴产业形成的动力系统具有多个动态子系统。战略性新兴产业形成的动力系统是由技术创新、市场需求、政府行为等子系统组成的。在这些子系统中，存在着大量的随时间序列而变化的状态，如技术创新、顾客的需求、政府政策等，都是随时间变化而变化的；而系统动力学建立的模型是系统结构功能模拟模型，它适用于研究复杂系统的结构、功能和主体行为之间动态的关系。

其次，战略性新兴产业形成的动力系统是一个因果循环反馈系统。在战略性新兴产业形成的动力系统中，各个因素变量之间存在着关联关系，改变其中一些变量的值可以导致其他因素变量的变化，从而导致战略性新兴产业形成过程的相应改变，即战略性新兴产业形成的动力系统中各个因素之间可以形成各种因果反馈关系，适于用系统动力学方法来分析和处理这些关系。

最后，战略性新兴产业形成的动力系统的复杂性和动态性，导致了系统中某些参数之间的关系难以量化或数据缺失。但由于系统动力学所建模型的结构是以因果反馈环为基础的，多重因果反馈环的存在使得整个系统的运行结果对有些参数的变化是不敏感的。因此，在数据缺失的条件下，只要估计的参数在其接受范围内，系统动力学模型仍可以运行和用以进行研究分析。

在对战略性新兴产业动力系统各个子系统进行分析之前，需要限定系统边界。由于影响战略性新兴产业形成的因素具有多样性和复杂性，本书不能把所有的因素变量都包括到各个子系统中，而只是基于研究问题的需要选择了一些主要影响因素，如技术创新子系统中只选择了新专利、科技中介组织、大学科研院所、企业、R&D 人员、R&D 投入和政府财政支出等因素，并在系统中以战略性新兴产业的产业规模增长量的大小来衡量战略性新兴产业形成情况，产业规模增长量大，说明战略性新兴产业的形成性较好，那么在一定时间内战略性新兴产业能够沿着既有路径（产业新生路径）健康成长；产业规模增长量小，说明战略性新兴产业形成较为缓慢。

下面就这个系统中的三个子系统——技术创新子系统、市场需求子系统和政府行为子系统进行具体的分析。

1. 技术创新子系统

技术创新子系统主要包括 R&D 经费投入、R&D 人员、大学和科研院所、专利、科技中介组织、企业等要素。它们之间的因果关系如图 2-3 所示。

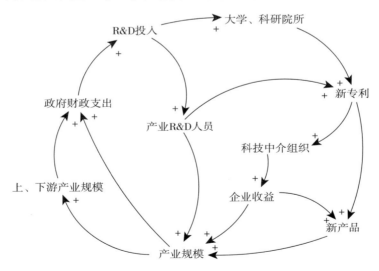

图 2-3　技术创新子系统因果关系

战略性新兴产业的研发经费主要来源于政府的财政支出和企业的 R&D 投入，

其中，政府的 R&D 经费投入会流向大学和科研院所，进而大学和科研院所会研发出新专利，新专利的出现及其商业化会使科技中介组织和企业受益，企业受益后会扩大生产规模，生产规模的扩大进而会导致战略性新兴产业的规模扩大，产业规模的扩大会使国家收入增加，从而会使政府财政支出增加。政府在财政支出增加的同时，会增加 R&D 投入来支持对该产业技术的研发和产业化，进而会促使该战略性新兴产业进一步发展。

2. 市场需求子系统

市场需求子系统主要包括消费者购买、政府采购、科技中介组织、企业等要素。它们之间的因果关系如图 2-4 所示。

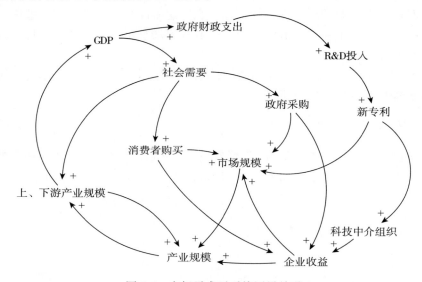

图 2-4　市场需求子系统因果关系

对于战略性新兴产业来说，市场需求主要包括消费者购买和政府采购。这样的市场需求会使企业的收益增加和市场规模扩大。企业收益的增加将会导致更多的企业加入该产业中，也会使企业自身扩大规模生产，从而会导致战略性新兴产业的规模扩大。产业规模的扩大会带动上游产业和下游产业的发展，会使国家国内生产总值（GDP）增加，进而导致政府财政收入和支出的增加，而政府财政收入和支出的增加也将会导致政府采购的增加，并进一步促进社会对该产业产品的需求。

3. 政府行为子系统

政府行为子系统主要包括税收优惠政策、法律法规、政府采购、政府财政支出等要素。它们之间的因果关系如图 2-5 所示。

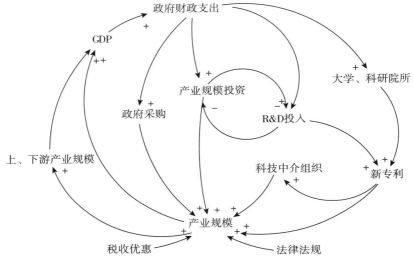

图 2-5　政府行为子系统因果关系

政府的产业税收优惠政策会使战略性新兴产业市场需求扩大；政府的法律法规会为战略性新兴产业的健康发展提供制度保障。政府采购不仅能促进产业市场需求的增加，而且能够为产业产品提供一个稳定的市场需求。政府的采购一方面会使企业之间的竞争变得更加激烈，企业为了获得更多的利润，会不断地提高自己的生产能力和加大规模的扩张；另一方面，政府采购具有导向和示范作用，会使更多的消费者来购买该产业的产品，进而需求的增加会导致产业规模扩大。

2.4.4　战略性新兴产业形成的动力因果循环图和系统动态流程图

1. 战略性新兴产业形成的动力因果循环图

战略性新兴产业形成过程中的三个动力子系统内部要素之间互为因果、相互作用，不断进行物质和信息的流动和交换，从而使战略性新兴产业形成的动力成为复杂的动态系统。将这三个子系统的因果循环关系图连接起来，再加上资源环境约束等因素，便构成了战略性新兴产业形成的动力因果循环图（图 2-6）。

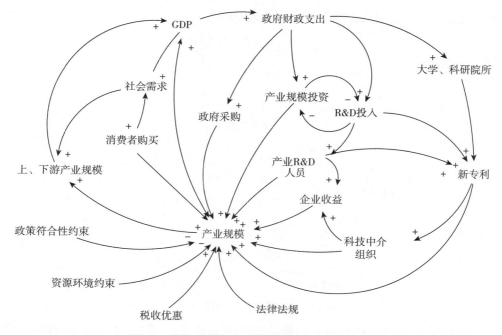

图 2-6　战略性新兴产业形成的动力因果循环图

2. 战略性新兴产业形成的动力系统动态流程图

根据战略性新兴产业形成的动力因果反馈关系，可以对各子系统的构成要素进行变量设置，并分别将其设为流量、存量和辅助变量。具体是，将 GDP、产业规模和企业收益设为存量，将 GDP 增长率、产业规模增长量和企业收益增长量设为流量，其他为辅助变量，从而利用 Vensim 软件构建出战略性新兴产业形成的动力系统动态流程图（图 2-7）。为了计算方便，在仿真的过程中会在模型中加上一些 lookup 函数变量，以便更好地描述变量之间的关系。图 2-7 中标注 lookup 的因素为表函数，表示需要查询历史数据。

耿亚新和周新生（2010）通过对我国太阳能光伏产业的研究指出，太阳能光伏产业已成为我国的战略性新兴产业。本书以太阳能光伏产业为例，运用上述系统动态流程图中的逻辑关系，对战略性新兴产业形成的动力系统进行仿真研究，以此来分析战略性新兴产业形成的动力因素。

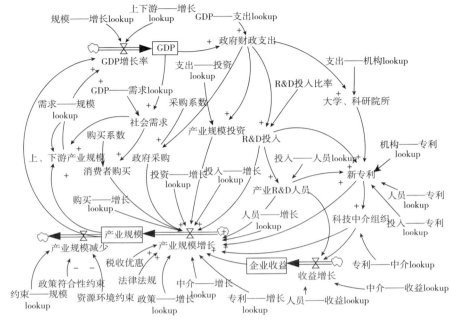

图 2-7　战略性新兴产业形成的动力系统动态流程图

笔者查阅了《2011 年中国及海外太阳能光伏产业发展报告》、《2011 年光伏产业报告——光伏技术研发、产品与市场》（*PV Status Report 2011—Research，solar cell production and market implementation of photovoltaics*）等研究报告，在中国太阳能产业联盟网、中国新能源与可再生能源网等网站上查询了有关中国太阳能光伏产业的一些资料文献，在国家知识产权局专利数据库中检索了 2000～2009 年中国太阳能光伏技术的专利数量，同时也参考了《高科技产业统计年鉴 2008》和《中国科技统计年鉴 2011》，确定了模型中的一些变量的初始值和取值范围，并将定性的变量通过定性数据定量化的方法（吴锡军和袁永根，2001）统一整理为同一范围的定量数据（如本书将资源环境约束变量范围设为 0～100）。最后建立各变量之间的系统方程。

2.4.5　模型结果分析

1. 模型检验

为了检验模型的有效性，本小节对模型进行回测，观察模拟数据与历史数据是否吻合；选取专利数据作为测试对象，模拟数据和真实数据对比如图 2-8 所示。尽管模拟值和真实值之间有一定的误差，但如果考虑到现实的复杂性和仿真的简约性，我们认为只要模拟值和真实的演化趋势基本相同，就说明仿真模型与现实情况基本相符。

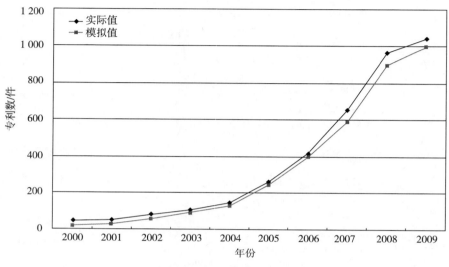

图 2-8　模型中专利模拟数据与真实数据拟合图

从图 2-8 可以看出，模型的模拟值和真实值的演化趋势基本吻合，说明了该模型的准确性和有效性，也为进一步的仿真实验打下了坚实基础。

2. 系统结果输出

为了分析技术创新、市场需求和政府行为这三个动力子系统中各个动力因素与战略性新兴产业形成的动态关系，本书选择这三个动力系统中的主要构成要素（可控因素）（如新专利、产业 R&D 人员、科技中介组织、R&D 投入和政府采购与产业规模之间的关系）来进行研究，即研究在战略性新兴产业形成过程中，专利数量、产业 R&D 人员数量、科技中介组织数量、R&D 投入和政府采购对产业形成的具体作用或与产业形成之间的关系如何。本书以我国太阳能光伏产业为例，分别就专利数量与产业规模变化趋势之间的关系、产业 R&D 人员数量与产业规模变化趋势之间的关系、科技中介组织数量与产业规模变化趋势之间的关系、R&D 投入与产业规模变化趋势之间的关系、政府采购与产业规模变化趋势之间的关系，分别在 Vensim 软件平台上进行动态仿真，仿真时间自 2005 年起至 2020 年结束，共计 16 年，步长为 1 年，运行输出结果如图 2-9 ~ 图 2-14 所示[①]。

---

① 图 2-9 ~ 图 2-14 为软件生成的图，为保持效果，故不加纵轴名。

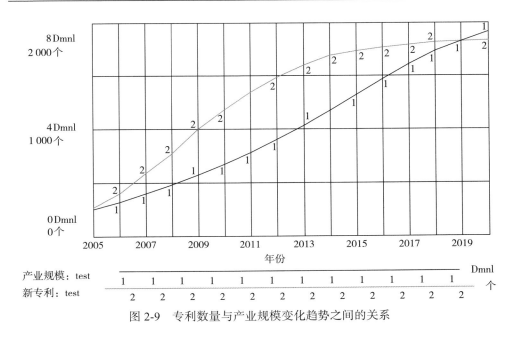

图 2-9　专利数量与产业规模变化趋势之间的关系

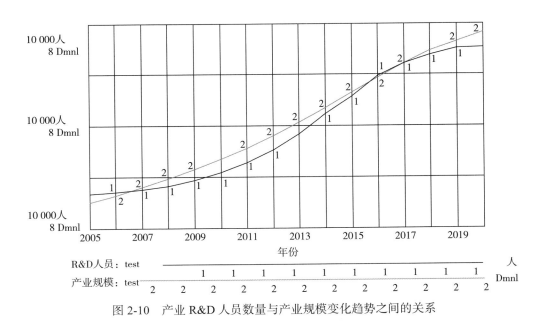

图 2-10　产业 R&D 人员数量与产业规模变化趋势之间的关系

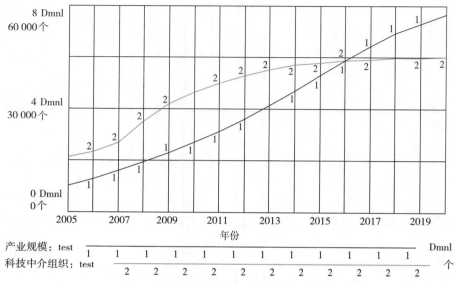

图 2-11　科技中介组织数量与产业规模变化趋势之间的关系

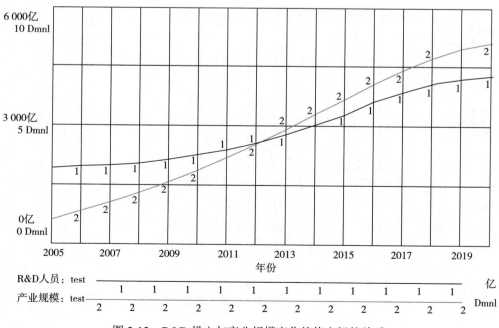

图 2-12　R&D 投入与产业规模变化趋势之间的关系

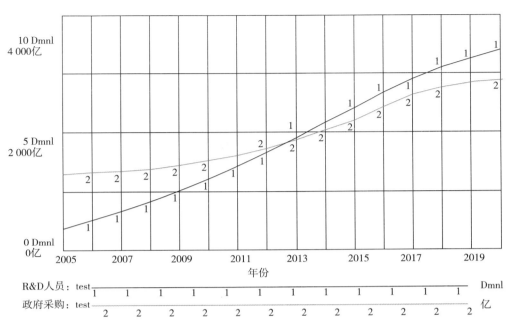

图 2-13　政府采购与产业规模变化趋势之间的关系

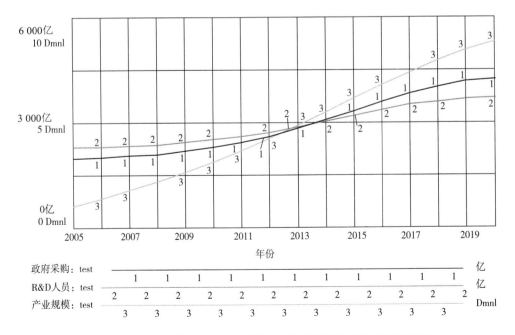

图 2-14　R&D 投入、政府采购与产业规模变化趋势之间的关系

由图 2-9 可以看出，2005～2011 年，我国太阳能光伏技术专利授权量增加速度最快，并且将在 2016 年左右趋于稳定，在 2020 年左右专利授权量将达到最大值，也说明我国太阳能光伏技术将进入成熟期；而我国太阳能光伏产业规模从2005 年到 2011 年也有一定量的增加，增长速度将在 2016 年左右达到最快。同时也可以看出，专利数量和产业规模有着同向增加趋势，并且当专利数量趋于最大值时产业规模增长速度达到最快。

从图 2-10 可以看出，随着太阳能光伏产业 R&D 人员数量的增加，太阳能光伏产业规模也显著增加；2005～2015 年，太阳能光伏产业规模增长速度大于 R&D人员数量增长速度；而在 2016 年至 2017 年，R&D 人员数量增长速度将大于产业规模增长速度，并且在 2019 年左右产业 R&D 人员数量将趋于最大值，而太阳能光伏产业规模仍然保持较快的增长速度。其主要原因是随着太阳能光伏产业的发展，产业规模逐渐扩大，从事产业研发的人员也将逐步增多；当产业 R&D 人员数量达到饱和后，产业的发展也将进入快速成长期。

从图 2-11 可以看出，科技中介组织数量在 2005～2011 年急速增长，在 2016年左右达到饱和，而此时产业规模发展的速度达到最大值；在科技中介组织数量达到饱和后，太阳能光伏产业依然保持较快增长速度。

从图 2-12～图 2-14 可以看出，R&D 投入和政府采购的增加对产业规模的增长有正向促进作用。2005～2011 年，我国太阳能光伏产业规模增长速度大于 R&D投入和政府采购的增长速度，并且 R&D 投入经费大于政府采购费用；但 2013 年以后，政府采购费用大于 R&D 投入经费；在 2017 年至 2019 年，R&D 投入和政府采购都将趋于最大值，而此时太阳能光伏产业规模增长速度也将达到最大值。究其原因，主要是在 2011 年以前，我国太阳能光伏产业还处于孕育期，有大量的R&D 投入经费而政府采购费用相应较少；在 2011 年以后，我国太阳能光伏产业逐步进入成长期，同时随着政府对太阳能光伏产业的大力扶持，尤其是对国内光伏市场的支持力度的加大，政府采购费用也将逐渐增加，政府在产业成长期的作用也日益凸显，我国太阳能光伏产业也将得到快速的发展。

从上面的分析可知，专利数量的增加、产业 R&D 人员的增加、科技中介组织数量的增加、R&D 投入和政府采购的增加，都对我国太阳能光伏产业的成长具有正向促进作用，并且未来十几年将是我国太阳能光伏产业发展的关键时期，在这一时期，我国太阳能光伏技术的专利授权量将会达到最大值，也说明我国对太阳能光伏技术的研发将逐步趋于成熟；我国从事太阳能光伏产业的 R&D 人员也将接近饱和值；我国对太阳能光伏产业的 R&D 投入和政府采购也将达到最大值；我国太阳能光伏产业在这些动力因素的驱动下也将得到快速的发展。而此时期也正是我国太阳能光伏产业自身生命周期的快速成长期。因此，为了使我国太阳能光伏产业快速地成长，政府需要加大对技术创新的支持力度，即不断增加产业

R&D 投入和产业 R&D 人员数量，鼓励和支持科技中介组织的发展，加快促使太阳能光伏技术专利成果的转化；同时加强政策扶持力度，通过政府采购和产业税收优惠等政策，为我国太阳能光伏产业提供良好的产业政策支持。

2.4.6　战略性新兴产业形成的动力因素分析

从系统动力学模型的输出结果可得出以下结论。

（1）战略性新兴产业形成的动力是一个以资源要素禀赋为基础的，由技术创新、市场需求和政府行为等子系统构成并相互协同作用的复杂动态系统。任何一个子系统内的主要因素的改变，都将会影响其他子系统内因素的变化。

（2）专利数量的增加、产业 R&D 人员的增加、科技中介组织数量的增加、R&D 投入和政府采购的增加，都对战略性新兴产业的形成具有正向促进作用；特别是当专利数量、产业 R&D 投入和政府采购达到最大值时，产业规模增长速度最快。在产业的孕育期，产业技术专利数量增长最快，R&D 投入对战略性新兴产业的形成具有重要的促进作用；而在产业的成长初期，政府采购对战略性新兴产业的成长具有重要的促进作用。

因此，政府在培育和发展战略性新兴产业时，一方面要加大对技术创新的支持力度，如不断增加产业 R&D 人员数量，鼓励和支持科技中介组织的发展，加快专利成果的转化等；另一方面要根据战略性新兴产业所处自身生命周期的不同阶段，加强对战略性新兴产业的政策支持，如在产业的胚胎期和孕育期提高政府的产业 R&D 投入和教育培训投入，在产业的成长期实施产业税收优惠政策，加大政府对产业技术产品的采购力度等。

第 3 章　战略性新兴产业形成过程中的 "峡谷" 跨越问题

　　战略性新兴产业的形成过程具有阶段性，每个阶段具有不同的特征；它的形成过程具有动态性和复杂性，它的形成过程也会遇到问题和瓶颈。Forbes 和 Kirsch（2010）与 Phaal 等（2009）曾指出产业的形成过程中会遇到 "峡谷" 问题，但他们并没有具体分析产生 "峡谷" 的原因和如何跨越 "峡谷" 问题。因此，本章将针对战略性新兴产业形成过程中的 "峡谷" 问题，分析其形成的影响因素，并从技术因素角度提出跨越 "峡谷" 的技术选择模型。

3.1　战略性新兴产业形成过程中的 "峡谷"

3.1.1　"峡谷" 概念的来源

　　"峡谷" 概念最早来源于技术采用生命周期理论。在技术采用生命周期中，消费者采用新技术的过程被分成五个阶段（Moore，1998），分别是创新者、早期采用者、早期大众、晚期大众与落后者，并且各个阶段都存在不同程度的差异，阶段之间存在着裂缝，特别是早期采用者和早期大众之间的裂缝最大，被定义为 "峡谷"，具体如图 3-1 所示。

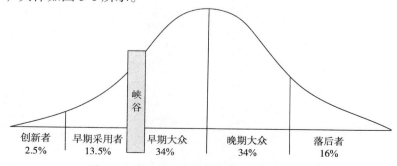

图 3-1　技术采用生命周期及 "峡谷" 概念

技术采用生命周期中的"峡谷"概念是说,当新兴技术的产品或服务初次进入市场时,它们都会在一个由创新者和早期采用者组成的早期市场中受到欢迎,然后陷入"峡谷",此时销售会遇到很大困难,销售量会直线下降。如果产品或服务能够顺利地通过这个"峡谷",它们将会很快进入由早期大众和晚期大众组成的市场,并获得认可;如果不能成功跨越"峡谷",那么企业将不得不继续依靠有早期采用者的市场来维持经营,因此企业不可能实现市场的大规模开发,甚至会成为这一"峡谷"的牺牲者。

3.1.2　战略性新兴产业形成过程中的"峡谷"问题

Phaal 等(2011)在研究新兴产业出现时指出,在产业的形成过程中,产业的发展将遇到"峡谷",这个"峡谷"将会对产业的发展起到决定性的作用。如果新兴产业的发展能够跨越这个"峡谷",那么这个产业将会"出现"(是一个动态的概念,是指持续的发展),并通过进一步的发展进入产业的快速成长期,进而逐渐进入该产业自身生命周期的成熟期;如果新兴产业的发展不能够跨越这个"峡谷",那么产业将会逐渐消亡。具体研究如图 3-2 所示。

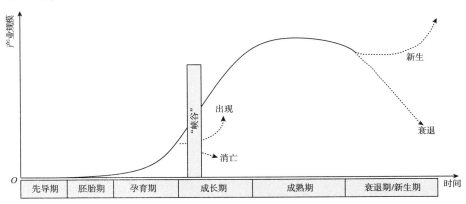

图 3-2　产业生命周期及"峡谷"概念

由图 3-2 可知,在战略性新兴产业的成长初期,产业的发展会遇到"峡谷",这个"峡谷"将直接决定战略性新兴产业的发展态势是"出现"(持续的发展)还是逐渐消亡。

产业的发展要想跨越这个"峡谷"就必须找到某种"介质"通向"峡谷"的对岸,而在找到这种"介质"之前需要分析"峡谷"形成的具体原因和影响因素。

3.2　战略性新兴产业形成过程中的"峡谷"影响因素

3.2.1　战略性新兴产业形成期的特征

战略性新兴产业的形成，是由技术创新所带来的新产品被推向市场，并逐渐被市场认可，转化为现实需求，从而催生出一批相关企业并形成产业的过程。处于产业形成期，创新产品通常因其具有的新功能对人们产生吸引，但产业新技术还处于不稳定期。因此，这一时期的产业通常呈现出以下特点。

首先，产业技术存在不稳定性。战略性新兴产业形成期的技术创新属于首创型技术创新，其标志是新产品的出现。而这类创新难度大、风险高，需要投入大量的人力和物力，一般的风险投资大多从这个阶段进入；并且首创型技术创新所涉及的技术系统要素整合、技术要素的组织整合等需要的工作量巨大，从而必然导致创新技术需要较长时间才能成熟。因此，这一时期在技术上还处于"尝试、试验"阶段。

其次，市场存在不确定性。在战略性新兴产业形成期，由于技术的不确定性，需求会因技术的快速进步而迅速变化，这种不确定性使得满足需求成为一个动态的目标。由技术采用生命周期理论可知，不同的消费者在接受某项新技术产品时存在着差异；潜在用户具有规避风险的特征，进而采取观望的态度。因此，消费者对新技术产品的接受程度处于不确定状态，保守主义者还对新产品处于观望状态，新技术产品的市场具有不确定性。技术和消费者的这些特征决定了产业形成期的市场具有高度的不确定性。

最后，产业政策具有不完善性。在产业形成期，核心技术尚不成熟、技术尚不稳定，使得产品技术标准、制造工艺和生产组织规范、市场规范等都还不明晰、不稳定，而且相应的政策支持和扶持体系不完善，法律法规也不健全。

3.2.2　"峡谷"形成的影响因素

战略性新兴产业形成期的技术不稳定性、市场的不确定性、政策的不完善性等特点，导致产业在此阶段的发展中会遇到瓶颈。此时产业也可能在外来新技术及其产品的冲击下，无法按正常的生命周期轨迹走完其生命全过程，而出现完全被取代的现象。因此，产业在形成期，也就是战略性新兴产业的成长初期会遇到产业发展中的"峡谷"问题。Forbes 和 Kirsch（2010）在对新兴产业的研究现状进行评述后指出，产业形成中的"峡谷"问题经常被学者和决策者们忽略。

Rosenfeld 等（2005）在研究能源效率技术商业化过程时指出，在能源效率技术商业化的初期会遇到"峡谷",而此时新兴技术和能源效率技术项目将有助于跨越技术采用生命周期中的"峡谷"。这实际上指出了技术和政策是影响"峡谷"形成的两个重要因素。

Randolph 和 Masters(2008)在研究技术密集型产业——可再生能源产业的成长时指出,政府政策的支持和可再生能源技术的创新是跨越产业成长中"峡谷"的两个重要因素。

战略性新兴产业如何跨越形成过程中的这个"峡谷"是一个非常重要的问题;而在影响跨越这个"峡谷"的因素中,从上面的分析可知,政策和技术是两个重要的因素。由于战略性新兴产业形成过程中影响因素的复杂性,本章着重研究技术因素对跨越这一"峡谷"问题的影响。研究这一问题,首先需要关注新兴技术与产业形成之间的关系。

3.2.3　新兴技术与产业形成之间的关系

新兴技术是一个动态发展的过程,由于企业在"技术进步"中的某项技术突破而兴起,过程中发生融合和移植,并伴随着技术应用领域的扩散而呈现出多种路径,最终形成一个以"主导设计"为贯穿主线、汇集相关技术的新兴技术系统或集群(王敏和银路,2009)。企业经过并购、重组、分工而形成以龙头企业为核心的新兴技术产业集群和产业链,从而最终形成以突破性创新的新兴技术为主导的新兴产业。

Phaal 等(2011)在以美国汽车产业为例研究技术密集型新兴产业的形成和发展时,利用生命周期曲线定性地描绘出技术、产品和产业之间的关系(图3-3)。

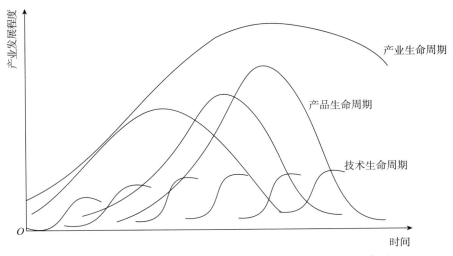

图 3-3　产业生命周期中的技术、产品、产业生命周期示意图

图 3-3 说明一个产业的生命周期是由技术创新过程、产品创新过程、工艺创新过程、组织创新过程持续演进而来的，包括了许多技术生命周期和产品生命周期。一般来说，企业依靠技术创新不断地推出新产品来替换自己或其他企业的产品；一段时间过后，这些新产品将被企业通过再次技术创新而生产的新产品取代。这样，企业（行业）提供的是一个不断变化的由新产品、成熟产品和过时产品共同构成的产品系列。产业的发展正是由于技术创新而产生的一波又一波产品生命周期积累的结果，并且在产业成熟阶段后期，新一轮的创新将使产业生命得到延长，导致产业生命周期连续积累的情况。

宋艳（2011）在研究新兴技术形成路径时提出新兴技术的形成有四种路径，即技术突破路径、技术植入路径、应用创新路径和融合创新路径；并指出技术密集型产业的发展始于技术突破性创新，而终于技术融合创新；这四条路径逐次贯穿于产业的发展过程中。在以技术突破性创新为主的产业的形成初期，随着技术的快速发展，企业往往通过植入其他技术以超出顾客接受能力的速度增加产品特性，这时通过技术植入路径而形成的新兴技术应运而生；随着参与的企业逐渐增多，更多的企业看到了潜在的市场机会，根据自身的资源状况和不同应用领域的特点，开发出具有极高顾客效用的新技术，以获得创新收益；待技术的性能和技术的应用领域被开发到一定程度后，以该技术为主导，结合多种技术向其他新的应用领域开发新技术成为更多企业的选择，此时融合创新发展新兴技术的可能性逐渐增大，并且此阶段极有可能诞生推动下一轮产业形成和发展的突破性创新技术。

因此可以看出，新兴产业的形成过程也是构成此产业的许多技术协同演化的过程。从单个产业发展的角度，用生命周期曲线来显示产业发展与技术关系，可用图 3-4 来说明。

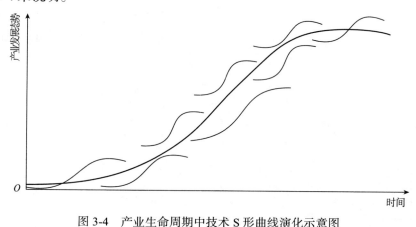

图 3-4　产业生命周期中技术 S 形曲线演化示意图

图 3-4 中粗线条的 S 形曲线表示以一项突破性创新技术为主导的产业随时间

变化的发展态势。而这项突破性创新技术是由若干个技术（细线条的 S 形曲线）通过竞争而产生的技术群。

从上面的论述可知，战略性新兴产业的形成和发展需要由许多新兴技术组成的技术群来支撑，同时战略性新兴产业的形成本质上也就是这些新兴技术产业化的过程。因此，从技术的角度，如何在具体的战略性新兴产业领域内，从众多的新兴技术池中选择具有产业化潜力并能支撑战略性新兴产业跨越产业发展中的"峡谷"的新兴技术，进而加大对其的研发和商业化支持力度，实现技术创新以便更好地支撑战略性新兴产业的发展，具有重要意义。本章基于此，从技术因素的角度，建立技术选择模型，探讨面向战略性新兴产业形成过程中的"峡谷"跨越问题。

3.3　战略性新兴产业形成过程中"峡谷"的跨越

3.3.1　面向跨越战略性新兴产业形成过程中"峡谷"的模型构建

针对战略性新兴产业形成过程中的"峡谷"问题，本章从技术因素的分析角度，构建基于模糊德尔菲法（Fuzzy Delphi Method）和粗糙集（rough set）的技术选择模型。

1. 模糊德尔菲法

Murray 等（1985）把模糊理论引入德尔菲法中，提出了模糊德尔菲法。其主要思想是利用模糊数来表示专家的意见，然后通过模糊运算，把专家的主观意见转化为客观数据。这种方法的主要优点是：①能够综合考虑专家主观思维的不确定性和模糊性，每位参与专家的意见能够在决策中得到充分的体现，获得的结果具有客观和合理性；②通过一轮的调研就可以获得参与专家的意见，因此节约了为获得专家意见而进行调研的费用和时间。鉴于模糊德尔菲法的优点，Shen 等（2010）和 Hsu 等（2010）分别利用模糊德尔菲法，对新兴技术的评价指标和润滑油再生技术的评价指标进行了筛选。

本章采用的模糊德尔菲法的步骤如下。

（1）收集群体专家决策意见：利用问卷中语意变量的方式，获得每位专家对各评价指标的重要性评价。本章所采用的评价语言集及其对应的三角模糊数如表 3-1 所示。

表 3-1 评价语言集及其对应的三角模糊数

模糊比率刻度	评价语言变量	三角模糊数
$\tilde{9}$	非常重要	（7，9，9）
$\tilde{7}$	重要	（5，7，9）
$\tilde{5}$	一般	（3，5，7）
$\tilde{3}$	不重要	（1，3，5）
$\tilde{1}$	非常不重要	（1，1，3）

资料来源：Hsu 等（2010）

（2）建立三角模糊数：计算专家们对每个评价指标的三角模糊数评估值，获得该项评价指标的重要性三角模糊数。

假设第 i 位专家对第 k 个要素的重要性评估值为 $\tilde{w}_{ik}=(a_{ik},b_{ik},c_{ik})$ ，$i=1,2,3,\cdots,m$ 。则第 k 个要素的模糊权重如式（3-1）所示。

$$\tilde{w}_k=(\alpha_k,\beta_k,\gamma_k)\ (\ k=1,2,3,\cdots,n\ ) \tag{3-1}$$

其中，$\alpha_k=\underset{i}{\text{Min}}\{a_{ik}\}$ ；$\beta_k=\dfrac{1}{m}\displaystyle\sum_{i=1}^{m}b_{ik}$ ；$\gamma_k=\underset{i}{\text{Max}}\{c_{ik}\}$ 。

（3）去模糊化：利用简易重心法的方式，将各评价指标的模糊权重去模糊化，变成明确值 S_k，具体如式（3-2）所示。

$$S_k=\frac{\alpha_k+\beta_k+\gamma_k}{3} \tag{3-2}$$

（4）建立门槛值，筛选评价指标：设定门槛值 λ，可以从众多的指标中，筛选出较重要的评价指标。筛选原则如下：若 $S_k\geq\lambda$，则接受第 k 个指标为评价指标；若 $S_k<\lambda$，则删除第 k 个指标。

2. 粗糙集

粗糙集是由波兰数学家 Pawlak（1982）提出的一种处理模糊和不确定性知识的数学工具。它具有很强的数据分析能力，即不需要任何先验知识，而是直接从给定问题的历史统计数据中如实地提取数据间的相互依赖关系来确定数据间的重要性。为了便于分析讨论，本章引入如下概念。

定义 3.1 $S=(U,A,V,f)$ 为知识表示系统，其中，U 为非空有限集，称为论域；A 为有限个属性的集合；$V=\bigcup_{a\in A}V_a$ ，其中，V_a 为属性 $a\in A$ 的值域；$f:U\times A\rightarrow V_a$ 为一单射，使论域 U 中任一元素的属性赋予一个信息值，即 $\forall x\in U$ ，$\forall a\in A$ ，$f(x,a)\in V_a$ 。当信息系统中属性集 A 能分为条件属性集 C 和决策属性集 D 时，即

有 $C \cup D = A$ 且 $C \cap D = \phi$ ，则该信息系统称为决策系统或决策表。同时，若在决策表中去掉决策属性，则决策表就变成了信息系统（Pawlak，1982）。

定义 3.2　在决策表 $S = (U, C, D, V, f)$ 中，$\forall P \subseteq C$ ，设 $U / P = \{P_1, P_2, \cdots, P_m\}$ 表示由条件属性集 P 对论域 U 的划分，$\forall X \subseteq U$ ，记 $P(X) = \bigcup \{P_j | P_j \subseteq X\}$ ，则称 $P(X)$ 为 X 在 U 上关于 P 的下近似集（Pawlak，1982）。

定义 3.3　在信息系统 $S = (U, C, V, f)$ 中，$\forall p \in C$ ，设 $U / \{p\} = \{P_1, P_2, \cdots, P_m\}$ ，定义属性 p 的重要度为

$$\mathrm{Sig}(\{p\}) = \sum_{i=1}^{m} \frac{|P_i||U - P_i|}{|U|(|U| - 1)} \tag{3-3}$$

定义 3.4　在信息系统 $S = (U, C, V, f)$ 中，$\forall p_i \in C$ ，定义

$$\omega(\{p_i\}) = \frac{\mathrm{Sig}(\{p_i\})}{\sum_{j=1}^{|c|} \mathrm{Sig}(\{p_j\})} \tag{3-4}$$

为属性 p_i 在信息系统中的权重（殷焕武，2010）。

3. 基于模糊德尔菲法和粗糙集的技术选择模型

一般的技术选择和评价过程包括三个关键步骤：建立系统和科学合理的技术评价指标，获得指标权重和对备选技术进行评价。针对面向战略性新兴产业的新兴技术的高度不确定性和模糊性，鉴于模糊德尔菲法和粗糙集的优点，本章提出基于模糊德尔菲法和粗糙集的技术选择模型，利用模糊德尔菲法来构建评价指标，运用粗糙集对评价指标进行约简并获取约简后的指标权重，并在粗糙集约简后的信息表的基础上，结合情景分析对备选技术进行评价。

基于模糊德尔菲法和粗糙集的技术选择模型的具体步骤如下。

首先，在通过大量相关文献阅读、分析和梳理而获得的面向战略性新兴产业形成路径中"峡谷"跨越的具体技术选择的系统评价指标的基础上，利用模糊德尔菲法来提取主要评价指标。

其次，在获得主要评价指标后，建立技术评价信息系统，利用粗糙集对评价指标进行属性约简，并根据不同属性的重要度来确定不同属性的权重。

再次，对于约简后的信息系统，设 $\omega(c_i)$ 和 $\omega(c_{ij})$ 分别为信息系统约简后的每个一级指标和二级指标的权重，$v(X_n, c_{ij})$ 为对象 X_n 在属性 c_{ij} 下的取值，则每个对象的综合评价值可由式（3-5）计算：

$$V(X_n) = \sum_{i=1}^{n} \sum_{j=1}^{m_i} \omega(c_{ij}) v(X_n, c_{ij}) \omega(c_i) \tag{3-5}$$

其中，n 、m_i 分别为信息系统约简后的一级指标和二级指标的个数。

最后，结合情景分析来对面向战略性新兴产业形成路径中"峡谷"跨越的技术进行分析和选择。基于模糊德尔菲法和粗糙集的技术选择模型的流程图如图 3-5 所示。

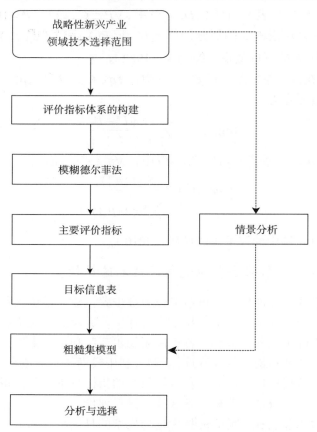

图 3-5　基于模糊德尔菲法和粗糙集的技术选择模型的流程图

3.3.2　模型的实证研究

"十二五"规划中将新能源产业（含太阳能光伏产业）列为战略性新兴产业。从产业生命周期理论来看，太阳能光伏产业目前正处在自身产业生命周期中的成长期，并遇到了"峡谷"问题，具体原因是：太阳能光伏并网发电的应用比例越来越大，从 2000 年开始已经逐渐占据太阳能光伏产业的主导市场，但是由于受季节、昼夜、地理环境等因素的影响，太阳能并网发电存在随机性、间歇性、波动性等特点，在并网的时候，容易引起电网频率偏差和电压波动（P. Eng. and O'Malley，2008）；如果不能解决这些问题，太阳能光伏产业的发展将会受到很大的限制。因此，如何跨越太阳能光伏产业发展中的"峡谷"，成为目前必须要研究的问题。

太阳能光伏产业是以太阳能光伏技术突破性创新为主导而发展来的产业。根据前几节的论述可知：新兴产业的形成和发展需要由许多技术组合而成的技术群来支撑，新兴产业的形成过程也是构成此产业的许多技术协同演化的过程。太阳能光伏产业的形成和发展中，不仅包括太阳能光伏技术，还包括储能技术。从技术因素的角度来看，储能技术可以很好地解决太阳能光伏产业发展中的这个"峡谷"问题。因此，根据太阳能光伏并网发电的需要，如何从众多的储能技术中选择出最适合于大规模储能的储能技术，进而加大相关技术的研发力度，实现其技术的产业化，以便更好地支撑太阳能光伏产业的发展，是目前摆在人们面前的热门课题。为此，本章以太阳能光伏产业中储能技术选择为例，来验证所提出的模型的有效性。

1. 评价指标体系的构建

为了构建系统的储能技术评价指标体系，本章首先通过对储能技术领域的专家进行咨询，概括总结出技术因素、经济因素、环境因素和社会因素是储能技术评价的四个主要因素。其次从技术、经济、环境和社会四个方面，通过大量相关文献的阅读，来获得尽可能多的关于储能技术评价的指标。最后总结、分析和梳理出储能技术评价指标（表 3-2）。

表 3-2　储能技术评价指标

一级指标	二级指标	定义	资料来源
技术因素（C1）	效率（C11）	释放出来的能量与储存能量的比值	Schoenung 和 Hassenzahl（2003）、Ibrahim 等（2008）、Makarov 等（2008）、Hall 和 Bain（2008）
	成熟度（C12）	技术发展所处的阶段	Schoenung 和 Hassenzahl（2003）、Hall 和 Bain（2008）、Chen 等（2009）
	容量（C13）	储存能量的大小	Schoenung 和 Hassenzahl（2003）、Ibrahim 等（2008）、P. Eng. 和 O'Malley（2008）、Hall 和 Bain（2008）、Chen 等（2009）
	使用寿命（C14）	最长正常使用时间	Schoenung 和 Hassenzahl（2003）、Yang 等（2008）、Hall 和 Bain（2008）、Chen 等（2009）
	反应延迟时间(C15)	对输入信息的反应速度	P. Eng 和 O'Malley（2008）、Makarov 等（2008）
	功率密度（C16）	输出功率与其体积之比	Ibrahim 等（2008）、Hadjipaschalis 等（2009）
	最大充放电次数（C17）	在正常使用期内放电次数	Ibrahim 等（2008）、Hall 和 Bain（2008）
	能量密度（C18）	单位体积里所含的能量	Ibrahim 等（2008）、Hall 和 Bain（2008）、Hadjipaschalis 等（2009）
	放电深度（C19）	在使用过程中放出的容量占其额定容量的百分比	Ibrahim 等（2008）、Hadjipaschalis 等（2009）、Chen 等（2009）
	最大持续放电时间（C110）	在一次充电后最大连续放电的时间	Ibrahim 等（2008）

续表

一级指标	二级指标	定义	资料来源
经济因素（C2）	投资成本（C21）	总的购买储能装置所有所需的资金	Chacra 等（2005）、Le 和 Nguyen （2008）
	操作与维护费(C22)	在正常使用期的操作和维护成本	Schoenung 和 Hassenzahl（2003）、Chacra 等（2005）、Ibrahim 等（2008）
	报废处理费（C23）	正常使用期以后的处理费用	Ibrahim 等（2008）
	所需燃料成本(C24)	购买所需燃料的费用	Kintner-Meyer 等（2010）
	排污费（C25）	直接向环境排放污染物所缴纳的费用	Kintner-Meyer 等（2010）
环境因素（C3）	空气、水污染(C31)	在使用过程中向周围环境所排放的有害物质对水和空气的污染	Cheung 等（2003）、P. Eng 和 O'Malley（2008）、Chen 等（2009）
	生态影响（C32）	对野生生命的生存方式和生命的影响	Cheung 等（2003）、Chen 等（2009）
	资源的消耗（C33）	对所需资源的消耗量	Cheung 等（2003）、Makarov 等（2008）
社会因素（C4）	安全性（C41）	在正常使用条件下和偶然事件发生时，仍保持良好的状态并对人的人身健康不构成威胁	Makarov 等(2008)、P. Eng.和 O'Malley（2008）、Carrera 和 Mack （2010）
	社会接受度（C42）	社会大众对其的认同程度	Assefa 和 Frostell（2007）
	就业机会（C43）	使用和维护所需的劳动者人数	Makarov 等(2008)、P. Eng 和 O'Malley（2008）

2. 评价指标的筛选

为了获得能够应用于太阳能光伏并网发电的大规模储能技术的科学合理的评价指标，本章在表 3-2 建立的评价指标体系的基础上，利用模糊德尔菲法来对评价指标体系进行筛选。我们首先邀请了七位从事新能源和储能技术研究的专家（其中三位来自研究所，两位来自企业，两位来自大学），利用问卷来获得专家的意见；在问卷中采用表 3-1 中的三角模糊数来对评价指标体系中指标的重要程度进行评价，然后运用式（3-1）和式（3-2）对专家的意见进行处理，获得的结果如表 3-3 所示。

表 3-3　基于模糊德尔菲法的评价指标（单位：分）

一级指标	二级指标	得分			
		最小值	最大值	平均值	明确值
技术因素（C1）	效率（C11）	3	9	7.571 4	6.523 8
	成熟度（C12）	3	9	7.285 7	6.428 6
	容量（C13）	4	9	7.857 1	6.952 4
	使用寿命（C14）	5	9	8.285 7	7.428 6

续表

一级指标	二级指标	得分			
		最小值	最大值	平均值	明确值
技术因素 （C1）	反应延迟时间（C15）	1	9	6.857 1	5.619 0
	功率密度（C16）	1	9	5.857 1	5.285 7
	最大充放电次数（C17）	5	9	8.000 0	7.333 3
	能量密度（C18）	1	9	5.142 9	5.047 6
	放电深度（C19）	3	9	5.857 1	5.952 4
	最大持续放电时间（C110）	3	9	6.857 1	6.285 7
经济因素 （C2）	投资成本（C21）	3	9	8.285 7	6.761 9
	操作与维护费（C22）	5	9	8.714 3	7.571 4
	报废处理成本（C23）	1	9	6.714 3	5.571 4
	所需燃料成本（C24）	1	9	5.857 1	5.285 7
	排污费（C25）	1	9	6.285 7	5.428 6
环境因素 （C3）	空气、水污染（C31）	7	9	9.000 0	8.333 3
	生态影响（C32）	3	9	7.285 7	6.428 6
	资源的消耗（C33）	1	9	5.285 7	5.095 2
社会因素 （C4）	安全性（C41）	3	9	7.714 3	6.571 4
	社会接受度（C42）	1	9	6.142 9	5.381 0
	就业机会（C43）	1	9	4.571 4	4.857 1

关于阈值 λ 的选择，Shen 等（2010）指出模糊德尔菲法中阈值的选择取决于收集专家意见时采用的模糊标度和使用者的偏好，如果使用者想获得较多的指标，则可以把阈值设小；如果使用者想获得较少的指标，则可以把阈值设大。由于本章采用的是 9 级模糊标度，所以我们分别把阈值设置为 6（一般和重要的平均值），所得的结果如图 3-6 所示。

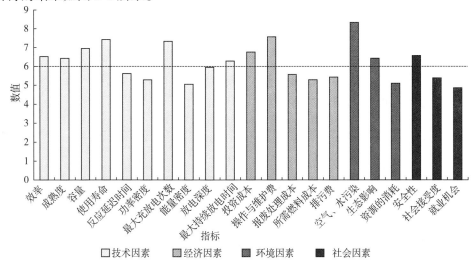

图 3-6　基于模糊德尔菲法的评价指标结果

从图 3-6 可以看出，当阈值设置为 6 时，技术因素中筛选出来相对重要的指标是效率、成熟度、容量、使用寿命、最大充放电次数和最大持续放电时间；经济因素中筛选出来相对重要的指标是投资成本和操作与维护费；环境因素中筛选出来相对重要的指标是空气、水污染和生态影响；社会因素中筛选出来相对重要的指标是安全性。

3. 评价信息表的建立

目前，电力存储协会（Electricity Storage Association）网站[①]上公布的能够应用于太阳能光伏并网发电的储能技术有抽水储能、压缩空气储能、钠硫电池、铅酸电池、全钒液流电池、锌溴液流电池、锌空气电池和镍镉电池。因此，本章以这八种储能技术为样本，记为 $U = \{X_1, X_2, X_3, X_4, X_5, X_6, X_7, X_8\}$ ，用所提出的方法对其进行评价分析。根据电力存储协会和美国巴那威利电力管理局公布的各种储能技术的统计数据（Makarov et al.，2008），得到以上八种储能技术在表 3-3 中所有子指标下对应的数据并对指标筛选后，采用 1~4 等级的专家离散法（菅利荣，2008）对所获得数据进行离散化处理，从而构成信息系统，然后利用粗糙集对信息系统进行约简。约简后的评价信息表如表 3-4 所示。

表 3-4　评价信息表

U	C11	C12	C13	C14	C17	C110	C21	C22	C31	C32	C41
X1	4	4	4	4	4	4	2	2	1	2	3
X2	3	3	3	3	4	4	4	4	2	1	3
X3	2	3	2	2	2	3	1	3	3	3	2
X4	4	4	1	2	1	2	2	2	1	2	2
X5	2	2	1	1	3	2	1	2	1	2	4
X6	1	2	1	1	3	2	3	3	4	3	4
X7	2	1	1	1	3	2	3	3	4	4	4
X8	3	3	1	2	1	2	3	3	1	2	3

4. 评价结果

在获得储能技术的评价信息表后，首先利用式（3-3）和式（3-4）分别计算出各子指标重要度及权重，具体结果如表 3-5 所示。

表 3-5　各子指标重要度及权重

属性	C11	C12	C13	C14	C17	C110	C21	C22	C31	C32	C41
重要度	46/56	46/56	36/56	42/56	42/56	34/56	46/56	34/56	42/56	42/56	42/56
权重	0.100 4	0.100 4	0.078 6	0.096 1	0.100 4	0.074 2	0.100 4	0.074 2	0.091 7	0.091 7	0.091 7

其次，利用层次分析法获得筛选后的评价指标体系中四个一级指标的权重，结果如下：技术因素（C1）为 0.259 8；经济因素（C2）为 0.254 6；环境因素（C3）为 0.259 8；社会因素（C4）为 0.225 8。

---

① Electricity Storage Association . http://www.electricitystorage.org/ESA/home/, 2009-04- 01.

再次，在表 3-4 的基础上，利用式（3-5）获得每个储能技术的综合评价值，评价结果如图 3-7 所示。

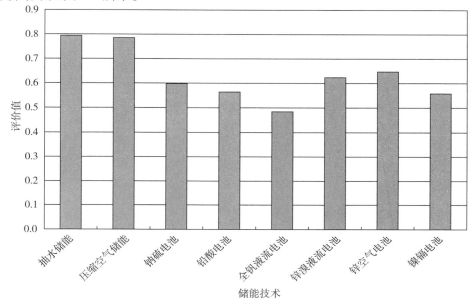

图 3-7　储能技术评价结果

最后，对影响储能技术评价的主要因素进行情景设置，考察储能技术综合评价值的变化，以便更好地对储能技术进行选择。本章选择综合评价值较高的抽水储能、压缩空气储能、钠硫电池、锌溴液流电池和锌空气电池作为分析对象。情景分析结果如图 3-8 ~ 图 3-10 所示。

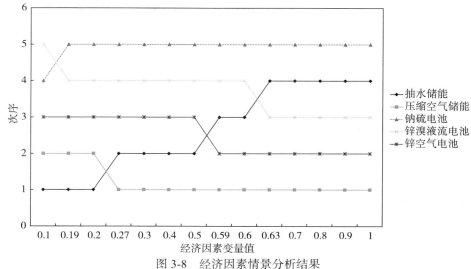

图 3-8　经济因素情景分析结果

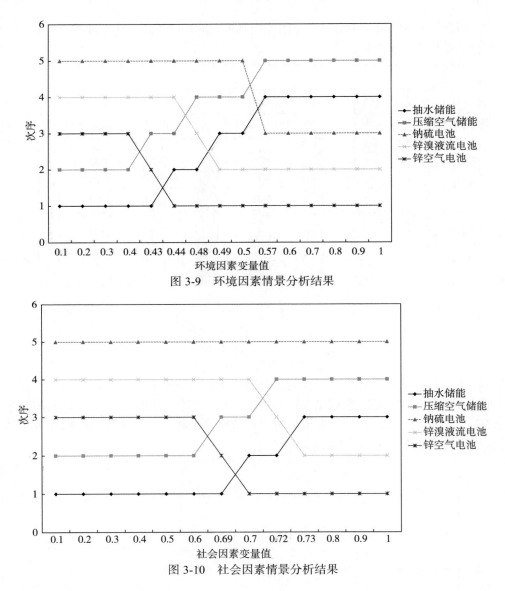

图 3-9　环境因素情景分析结果

图 3-10　社会因素情景分析结果

5. 模型结果的检验

从图 3-7 可以看出，抽水储能的综合评价值最高，其次是压缩空气储能、锌空气电池、锌溴液流电池、钠硫电池，最后是铅酸电池、镍镉电池和全钒液流电池。这一评价结果与美国加州电力研究所 2010 年发表的研究报告（Raster，2010）结果相一致，后者指出：目前抽水储能、压缩空气储能已经被应用于大规模储能，其中抽水储能是最成熟和应用最广泛的储能技术，是能量储能的首选技术；液流电池、钠硫电池随着技术发展将有巨大的规模化应用前景。这也充分说明了本模型的有效性和可行性。

从图 3-8 ~ 图 3-10 可以看出，以锌空气电池为首的液流电池，具有环境友好、低成本和安全可靠等特点，随着技术的发展，其将成为未来储能技术中能够应用于太阳能光伏并网发电的首选技术。因此建议在具备适用条件的地方首选抽水储能，并优先支持发展以锌空气电池为首的液流电池，积极推动产业化发展和应用示范项目的开展，加强对液流电池和钠硫电池的研发力度，以此来更好地解决太阳能光伏大规模并网发电的瓶颈问题，跨越太阳能光伏产业形成过程中的"峡谷"，进而促进太阳能光伏产业的可持续发展。

第 4 章　战略性新兴产业研发竞争态势分析

从第 2 章和第 3 章的分析可知，战略性新兴产业形成过程本质上是新兴技术产业化的过程。从微观的产业分析角度来看，战略性新兴产业形成过程遵循着以科学理论发展和社会需求为前提，从科学到技术，再到应用，再到市场，最后到新兴企业及产业链形成的过程。技术创新、市场需求、政府行为、资源要素禀赋等，是构成其推动力、拉动力及环境驱动力的重要因素，这些动力因素相互影响、相互作用，并贯穿于战略性新兴产业成长的全过程。技术创新是战略性新兴产业形成和发展的内在动力。基础研究、应用研究和技术开发是战略性新兴产业形成与可持续发展的重要支撑和保障。

因此，在培育和发展战略性新兴产业的过程中，需要对战略性新兴产业技术领域的全球研发态势进行分析，并对我国在战略性新兴产业技术领域中所处地位进行研判和分析，进而为我国战略性新兴产业的培育和发展提供决策支持。

为全面了解和认识战略性新兴产业技术领域的全球研发态势，进一步厘清我国在战略性新兴产业技术领域中的研发现状和所处地位，本章在战略性新兴产业起源、形成过程、动力机制及其"峡谷"跨越研究的基础上，综合应用文献计量、专利分析和专家访谈等方法和工具，构建基于文献计量和专利分析的战略性新兴产业研发竞争态势分析框架。

4.1　文献计量学和专利分析法的内涵与特征

4.1.1　文献计量学的内涵与特征

文献计量学是以文献体系和文献计量特征为研究对象，采用数学、统计学等计量方法，研究文献的分布结构、数量关系、变化规律，进而解释与评估过去、现在，并预测（见）事物的某些结构、特征和规律的一门科学（邱均平，1988）。

文献计量学具有以下基本特征：从文献构成体系看，"文献"包括图书、报刊、会议文献、专利文献、标准文献、统计数据、政府（机构）文献、引文与文摘数据库、其他媒体与网络数据等。从使用的分析方法看，文献计量学主要采用统计方法、数学模型方法、引文分析（包括耦合分析、同被引分析、引文的聚类分析），使用的工具有图表［专利地图（themescape）、概念地图、引文网络图等］。统计方法主要用于：对图书、报刊、专利文献等各种类型的文献进行数量统计；对关键词（key words）的组成和数量变化进行统计；对论著所附的被引文献进行统计，或者利用引文索引工具来统计有关引文数量。数学模型方法是用数学语言描述事物的结构和联系及其规律性的方法。从表达式来看，数学模型包括解析式和图形模型、图表模型、代数模型等。引文分析是应用数学与统计分析工具，以及比较、归纳、抽象、概括等逻辑分析工具，考察论文、专利之间的引证与被引证现象，揭示其数量特征和内在规律的分析方法，甚至是预测新兴研究领域的分析方法。

从文献计量学的一般功能和作用看，文献计量学可以发现在哪个领域聚集了大量作者，发现发表大量热门话题的学术期刊，发现发表大量热门选题论文的机构，发现热门选题中的高频率关键词，以及哪些作者的成果被高频率引用（Daim et al.，2006）。Glänzel（2004）认为，当前文献计量学的主要议题是：文献计量学方法论研究具有服务于文献计量学研究者的作用；科学信息研究具有服务于各类学科的发展的作用；政策研究具有服务于区域、国家政策的制定与评估作用。

4.1.2　专利分析法的内涵与特征

专利作为技术研发最重要的成果表现形式，代表技术创新过程中一项定义明确的产出，被认为是挖掘技术信息及内在联系的最好的数据来源。Albert 等（1991）曾指出，"专利数据代表一种与技术发展相关的有价值的信息资源"。Brockhoff（1992）认为，由于专利包含着与创新意图和技术发展相关的规范化数据，并且可以被自由地利用，所以专利可以成为衡量许多创新和技术焦点的工具。

随着技术发展步伐的不断加快，技术对企业生存和竞争策略来说显得越来越重要。技术进步在很大程度上决定着市场的转变，新的领先技术快速催生出新的市场领域，而旧的市场则很快被淘汰。技术快速变化的步伐使得已往的战略与竞争分析方法无法很好地预测其发展趋势，在这种情形下，企业决策者们开始找寻和摸索能够有效地管理企业内部技术源、监控外部技术环境的新方法。正是在这种情况下，人们发现专利作为发明创造其本身包含着技术创新价值，分析大量的专利数据可以很好地把握技术动态、了解技术竞争力。专利分析方法也因此应运而生，随着专利数据库对公众的开放，信息技术、网络技术与专利数据库的不断发展、完善，专利分析法开始真正适用并应用于企业战略与竞争分析之中，其方法体系也开始不断建立和完善。

　　专利分析法是指以专利文献资料为研究对象，利用文本挖掘、统计分析等方法，对专利文献资料进行分析、加工、挖掘，使之转化成可利用信息的方法。专利分析包括专利时间序列分析、专利权人分析、技术生命周期分析、专利申请的空间分布分析、国际专利分类（international patent classification，IPC）分析、专利引用分析、专利文本挖掘等。专利分析的结果可以用专利地图的形式展示，以便直观、简洁地揭示专利文献中有价值的技术、法律和经济信息及其相互作用，而在此基础上的科学决策，是未来信息咨询的重要发展方向，是企业、行业和国家开展战略管理的有效手段。

4.2　文献计量学和专利分析法与新兴产业研究

4.2.1　新兴产业研究现状

　　从对文献的检索和阅读发现，目前国内外对新兴产业形成的早期阶段的研究成果相对较少，MacMillan 和 Katz（1992）、Lampel 和 Shapira（1995）、Russo（2003）、Giarratana（2004）、Phaal 等（2011）、Forbes 和 Kirsch（2010）分别指出其主要原因如下：一是新兴产业很难被识别，直到它发展到一定程度以后才会被研究者们关注；二是新兴产业历史数据匮乏，导致学者们很难去研究它。McGahan 等（2004）在对产业生命周期进行研究时指出：目前关于产业演化的研究，更多的是关注产业演化后期，而对产业的演化前期［即产业浮现阶段（emergence）］的关注和研究较少。研究范围情况如图 4-1 所示。

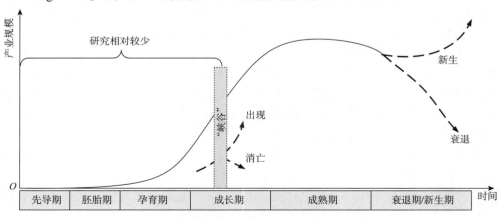

图 4-1　产业形成与发展研究范围示意图

资料来源：根据 Phaal 等（2011）文献整理

Forbes 和 Kirsch（2010）对新兴产业的研究现状进行了评述，指出新兴产业的形成是一个非常重要的现象，但却被学者们忽略；他们呼吁学者们开展多领域的合作，广泛地利用定性数据和历史数据，突破传统的理论与方法，去研究新兴产业浮现特征、新兴产业形成机制，进而为战略决策和企业实践提供有益的指导。

因此，可以看出，目前关于新兴产业的研究尚处于探索阶段。而且在关于新兴产业形成历程的研究中，大多数的研究都是把它看成一个"黑箱"，只是对其形成和发展过程进行定性的描述，而对新兴产业形成中的一些特征和形成的影响因素（如新兴产业形成初期中的技术研发特征及其影响因素）等问题涉足较少；但新兴产业形成和发展有其自身的规律，唯有利用结构性的方法、定量化的方法和系统性的方法，通过对具体产业形成与发展历史的研究，才能从中挖掘和发现新兴产业形成中技术研发的一些规律和特征，才能为培育和发展新兴产业提供可靠的决策依据；而这样的研究正被学者们关注。国内学者黄鲁成等（2013）就呼吁，要关注新兴产业是如何形成的及其形成早期阶段的特征，加强对制约新兴产业形成与发展的主要因素以及新兴产业研发态势及其相关特征的研究。

4.2.2　新兴技术演化与新兴产业

自从熊彼特提出技术创新概念以来，作为技术创新动态过程中的核心问题——技术演化已受到了学者们的广泛关注，并且不同的领域内的学者从不同角度来研究技术演化问题，如技术轨道、技术系统、技术-经济范式等，其中，从技术轨道来阐述技术演化过程的研究较为广泛。Nelson 和 Winter（1982）用自然轨道（natural trajectories）描述了技术发展积累和演化特征，而 Dosi（1982）基于技术范式概念，提出由技术范式定义的经济权衡与技术折中的技术进化轨道。因此，技术发展具有积累和演化的特征，技术发展的轨迹在一定的时空范围具有前进惯性和方向锁定特性，而技术轨道也存在着顺轨、变轨和跃迁等几种演化方式。在多西开创性地提出技术轨道的研究的基础上，后续学者纷纷利用技术轨道理论来对技术演化问题进行研究，如 Anderson 和 Tushman（1990）、Christensen（1997）、Christensen 和 Overdorf（2000）分别从技术轨道视角来研究不连续创新对技术演化路径的影响；Sood 和 Tellis（2005）以移动储存、通信传输、显示器和打印机产业技术轨道变迁为背景，研究了突破性创新与技术演化之间的关系；Perez（2010）从技术-经济范式角度阐述了重大技术革命与技术轨道演化的关系。

国内学者也对技术演化问题进行了大量的研究。在中国知网（China National

Knowledge Internet，CNKI）中国学术期刊网络出版总库中，检索条件设为"篇名"，以"技术演化"为检索词，检索 1990～2013 年的文章，共得到文献 69 篇。然后再将上述文献数据利用软件 CiteSpace Ⅱ 绘制了技术演化研究前沿领域知识图谱（图 4-2）。从图 4-2 可以看出，国内学者主要从演化理论角度（如演化经济学和生态学等理论）来研究技术演化问题，偏重于对技术演化的理论阐述和对过程的定性描述，如蒋德鹏和盛昭瀚（2001）从演化经济学理论研究了技术的演化与锁定；陶海青和金雪军（2002）从进化论的角度对技术创新的演化趋势进行了分析；吴晓波和李正卫（2002）、吴晓波和聂品（2008）从技术系统的视角阐述了技术演化过程；丁云龙（2006）从技术的历时性和形态构成的角度论述了技术的三种形态及其演化过程；毛荐其等（毛荐其和刘娜，2010；毛荐其等，2011）从生态学的角度探讨了技术自组织演化过程；柳卸林和何郁冰（2011）从技术演化的视角对突破性技术从何而来进行了阐述。

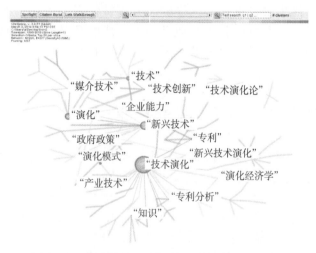

图 4-2　国内技术演化研究前沿领域知识图谱

　　然而，随着科学技术的快速发展，科学-技术-产业之间的转化时间日益缩短，从技术革命到产业变革的周期也越来越短。特别是建立在科学基础上的革新，以及能创造一个新行业或改变某个老行业的新兴技术的不断涌现（Day et al.，2000），使学者们又开始重新审视技术演化问题。因为这种因不连续创新而产生的新兴技术可能会导致现有产业技术范式的转变或技术轨道的变迁，也可能会导致新兴产业的产生，并衍生出一系列新的发展模式。也正因为如此，新兴技术为新兴国家实现技术主导和技术领先提供了重要的"机会窗口"，因为这个机会并不局限于以往的技术轨道，而是可以带来新兴的发展机遇（张永伟，2011）。也正基于此，从新兴技术与新兴产业关系角度来研究新兴技术演化问题已逐渐被国内外学者们关注。Hung 和 Chu（2006）从公共管理部门的角度来研究如何使新兴技术转化为新兴产业，认为从新兴技术到新兴产业的过渡阶段是一个复杂的过程，这个过程中的核心任务是，利用已有的知识条件塑造产业核心技术演化的模式，实现商业化。王敏和银路（2008）对不同研究领域的技术演化进行了集成研究，并分别从单一技术、技术系统和技术-经济范式三个层面分析了技术演化的内涵，指出新兴技术演化将是技术演化领域中最新的研究焦点。黄鲁成等（黄鲁成等，2007；卢文光和黄鲁成，2008）从新兴技术演化的角度对新兴技术的产业化潜力进行了研究。程跃和银路（2010）结合新兴技术的特点，在动态能力组织学习模型研究成果的基础上，提出了一个基于企业动态能力的新兴技术演化模型，并以索尼随身听的演化过程为例对模型进行了检验。Robinson 等（2013）构建了预测新兴技术向新兴产业演变的创新路径研究框架。

随着新兴技术演化日益被研究者们关注，一些学者开始对新兴技术演化路径的影响因素进行研究。例如，高俊峰（2010）以 TD-SCDMA（time division-synchronous code division multiple access，即时分同步码分多址）技术的演化为例，剖析了新兴技术演化过程，揭示了政府政策在各个演化阶段中对技术要素和配套环境要素的作用机理。方荣贵等（2010）分析了新兴技术商业化中各个阶段的影响因素，阐述了政府政策的作用，提出政府在新兴技术商业化的不同阶段，为有效促使新兴技术向战略性新兴产业演化所应采取的政策措施。

4.2.3　文献资料和网络信息资源与新兴产业研究

以文献资料形式保存下来的历史文档和网络信息资源是研究新兴产业的重要数据资源。Forbes 和 Kirsch（2010）在对新兴产业进行论述时指出，历史文档是学者在研究新兴产业是如何产生时的"嘴边的水果"，因为新兴产业的各种历史文档为研究新兴产业形成过程及其过程中的一些特征提供了丰富的信息资源。van de Ven 和 Garud（1989）指出，来自企业、消费者、供应商、投资者、政府机构、社会组织的记录、出版物和文献资料等，是研究产业形成以及产业形成中技术特征的重要数据来源。Barley（1998）在对技术历史文档进行分析时指出，通过对技术历史不同阶段的"典型化分析"，可以对看似不相关的现象进行"关联分析"，从而促进新理论的产生。而对于技术管理者来说，这种技术历史资源是最值得挖掘的。而随着互联网的飞速发展，网络信息资源也正在成为研究新兴产业研究的重要资源。Yang（2009）在研究网络信息资源对社会科学研究的影响时指出，网络信息资源正在成为社会科学研究的重要资源，并对于社会科学取得创新性成果具有重要意义。黄鲁成等（2013）在对新兴产业研究方法进行论述指出，网络数据库资源在新兴产业研究中可以发挥重要作用，因为新兴产业主要是指建立在新兴科学技术基础上的产业，而专利是研究技术发展、产业化状况最丰富的资源，科技文献是反映新兴产业的科学基础和知识积累最重要的资源。

　　以论文、专利为数据来分析技术发展变化的文献计量学方法，已成为分析产业形成中技术研发态势的有利工具。Doul 等（2005）认为，专利是含有技术、产品、应用和法律状态的重要资源，专利对产业界具有特殊的意义。Godin（1996）在研究科技文献（科技论文、专利文献、商业文献）与产业发展的关系时指出，科技文献是反映产业的科学基础、知识积累最重要的资源，专利是研究技术发展、产业化状况最丰富的资源。Godin 还指出，通过文献计量分析可以发现，产业创新的阶段性特征与产业技术文献出版之间有一定的关联，即可以从技术文献关键词的变化看出技术在不同演化阶段的特征。当描述新兴技术材料特性、工艺特性的关键词转向描述新兴技术产业化的系统分析特性时，将表明新兴技术开始步入产业化阶段。Martino（2003）利用生命周期方法把新兴技术发展划分为基础研究阶段、应用研究阶段、试验发展阶段、应用阶段和社会影响阶段五个阶段，并指出利用科技文献数据来表征每个阶段的特征，即在基础研究阶段可以利用 SCI（science citation index，即科学引文索引）论文来测量，在应用研究阶段可以利用 EI（the engineering index，即工程索引）论文来测量，在试验发展阶段可以利用专利数据来测量，在应用和社会影响阶段可以利用商业信息来测量。在 Martino 研究的基础上，一些学者开始利用科技文献数据来对技术演化发展特征进行研究。例如，Chao 等（2007）利用 SCI论文数据，采用历史回顾和文献计量分析方法对 RFID（radio frequency identification，即射频识别）技术进行分析。Shen 等（2010）利用专利数据对 OLED 技术的发展进行了实证分析。

4.3　战略性新兴产业研发竞争态势分析

4.3.1　基础研究与战略性新兴产业

　　目前，国内一些学者也认为战略性新兴产业形成与发展的基本路径是"科学发现—技术发明—产业化"（王昌林等，2010）。战略性新兴产业的形成与发展过程，主要是新兴技术产业化的过程和新兴企业不断涌现、成长壮大的过程。中国科学院在 2012 年开展了基础研究与战略性新兴产业之间关系的研究，研究注重关注基础研究在产业发展中所起的作用，并发布了基础研究与战略性新兴产业研究报告。报告认为，推动产业发展的核心原创力通常都来自具有产业导向性的基础研究。一方面，产业的兴起和发展依赖于科学原理或技术的基础研究；另一方面，一些重大的原创性技术也正是在产业需求的大背景下被催生出来的。

基础研究既是原始创新的源头，又是集成创新和引进消化吸收再创新的支撑。基础研究对影响社会经济发展的重大技术突破具有先导作用，对战略性新兴产业的发展也具有突出的重要意义。陈傲等（2012）指出，后发国家新兴产业发展虽有"机会窗口"但无"先天优势"，本土企业必须主动嵌入全球研发网络，高度重视与新兴产业发展密切相关的基础研究，积极参与知识产权全球布局。柳卸林和何郁冰（2011）指出，基础研究是中国产业核心技术突破性创新的关键。

4.3.2　基于文献计量和专利分析的战略性新兴产业研发竞争态势分析框架

从目前的新兴产业国内研究现状来看，关于新兴产业形成与发展的早期阶段的研究尚处于探索阶段，并已为学者们所关注。从产业创新角度来研究新兴技术演化与新兴产业形成问题，已逐渐成学者们研究的热点之一。而随着互联网信息资源的迅猛发展和大数据时代的来临，以历史文档、科技文献、网络信息资源和专家知识为数据来源，利用现代分析方法和工具（如文献计量和专利分析等）来量化分析新兴产业形成与发展中的技术研发态势和技术发展趋势，已成为现实。

战略性新兴产业形成与发展的基本路径是从科学到技术，技术到应用，应用到市场，即"科学发现—技术发明—产业化"。战略性新兴产业的兴起依赖产业导向的基础研究突破。只有加大对有产业背景的基础研究的支持力度，才可能保证战略性新兴产业发展具有原创活力和可持续发展的后劲。因此，为了分析战略性新兴产业研发竞争态势，本书构建了基于文献计量和专利分析的战略性新兴产业研发竞争态势分析框架（图4-3）。

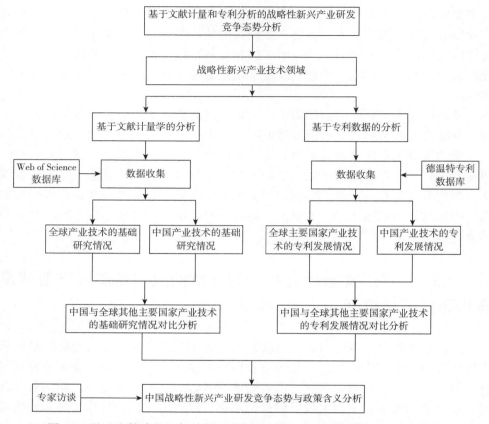

图 4-3　基于文献计量和专利分析的战略性新兴产业研发竞争态势分析框架

第5章 太阳能光伏产业研发竞争态势分析

目前，在人们对能源的需求日益增长、化石能源日益枯竭的背景下，太阳能作为一种清洁的、可再生的能源，已成为人们积极开发和利用的新能源之一。太阳能光伏产业已得到世界多个国家政府的普遍重视和支持，并成为目前发展最快的新兴产业之一。本章利用基于文献计量和专利分析的战略性新兴产业研发竞争态势分析框架，对全球光伏产业的光伏技术研发态势和中国在全球光伏技术领域中的研发现状进行分析，以期为中国光伏技术研发和产业发展决策提供支持。

5.1 基于文献计量的太阳能光伏技术可视化分析

我国太阳能光伏产业在近十年间取得了突飞猛进的发展，但与国外发达国家相比在很多方面仍存在较大差距，特别是在核心技术、关键设备等方面依然落后于国际先进水平，凸显了我国太阳能光伏产业未来发展技术路线选择的重要性和紧迫性。

然而，目前全球光伏产业的主导技术路线尚不确定，存在多种不同的光伏技术路线，不同企业在单晶硅、多晶硅、碲化镉、铜铟镓硒等太阳能光伏技术路线上进行了尝试。同时，全球光伏产业技术又快速演进，新兴技术不断涌现，特别是染料敏化太阳能光伏技术近几年发展极为迅速。这种技术相比其他太阳能光伏技术具有生产成本低、制造工艺简单等优点，有着相当广泛的应用前景和十分广阔的产业化前景，被认为是有可能逐步取代硅元素光伏技术的新兴光伏技术（McGehee，2011）。

因此，为了解全球太阳能光伏产业技术发展现状和未来发展趋势，以及我国在染料敏化太阳能光伏技术基础研究方面的状况，本节利用文献计量的方法来分析全球太阳能光伏技术的发展趋势，并通过对染料敏化太阳能光伏技术的计量分析，探寻我国发展染料敏化太阳能光伏技术面临的机会与挑战，进而为我国光伏产业未来的发展提供决策支持。

5.1.1　基于文献计量的全球太阳能光伏技术发展阶段和趋势分析

Robert 和 Porter（1997）指出，文献资料记录着技术活动的历史和现状，利用技术文献资料能够客观地分析技术发展阶段和预测技术的生命周期。而技术的一个重要属性是时效性。一项技术的性能在技术开发、应用中不断得到改进，呈现出性能指标在技术与时间上的关系曲线。典型的技术成长曲线呈 S 形，通常称其为技术增长的 S 形曲线；而技术的发展阶段相应地又被划分为婴儿期、成长期、成熟期和衰退期（Porter et al.，1991）。

为了利用文献资料来分析技术的发展阶段，1971 年，Fisher 和 Pry 发表了一篇描述技术变化模型的论文（Fisher and Pry，1971），用来判断技术的发展阶段。该模型实际上是 S 曲线数学模型的一种形式，被称为 Fisher-Pry 模型，具体如式（5-1）所示。

$$y = \frac{L}{1 + e^{\alpha - \beta t}} \tag{5-1}$$

其中，y 为待测指标；t 为时间；β 为增长率；α 为常数尺度；L 为增长极限。

之后，许多学者利用此模型来分析技术发展阶段和预测技术未来发展趋势。Daim 等（2006）认为，通过利用技术文献数据拟合 Fisher-Pry 曲线，可以判断技术发展阶段和预测技术未来发展趋势；此外，他们以 1992～2002 年的燃料电池文献资料数据（SSCI[①]论文数量和 BEI[②]文献数量）为基础，描述了燃料电池文献资料数量的变化特点，然后将这些数据进行标准化处理，利用 Fisher-Pry 模型分析燃料电池技术的发展阶段，并预测了燃料电池技术的生命周期。娄岩等（2010）以 1974～2008 年的污水处理技术的文献资料数据（SCI 论文数量和 EI 论文数量）为基础，利用 Fisher-Pry 模型分析了污水处理技术的技术成熟度。

本节利用 Fisher-Pry 模型对全球太阳能光伏技术的发展阶段与趋势进行分析。

1. 数据来源

目前，全球太阳能光伏技术被分为三代（肖沪卫和顾震宇，2011）：第一代为

---

① SSCI 意为社会科学引文索引，英文全称为 social sciences citation index。
② BEI 意为英国教育索引，英文全称为 British education index。

硅基太阳能电池技术，主要包括单晶硅、多晶硅和非晶硅薄膜太阳能电池技术等；第二代为化合物薄膜半导体太阳能电池技术，主要包括碲化镉（cadmium telluride，CdTe）、铜铟镓硒（copper indium gallium selenide，CIGS）、砷化镓（gallium arsenide，GaAs）和铜铟硒（copper indium selenide，CIS）等太阳能电池技术；第三代为有机系太阳能电池技术，主要包括染料敏化太阳能电池（dye-sensitized solar cell，DSSC）技术等。

因此，本节首先以"solar cell"为主题检索词，在 Web of Science 中的 SCI-EXPANDED 数据库中进行检索，检索年限为 1974～2010 年，文献类型为 Article、Proceedings paper、Letter 和 Review 四种，共检索出 37 327 篇论文；其次以这些论文为母本；再次以 silicon、CdTe、CIGS、GaAs、CIS、dye-sensitized solar cell 为检索词，精炼出各种太阳能电池技术的 SCI 研究论文；最后以时间序列的形式统计出各种太阳能电池技术每年的 SCI 论文数量，具体结果如图 5-1 所示。

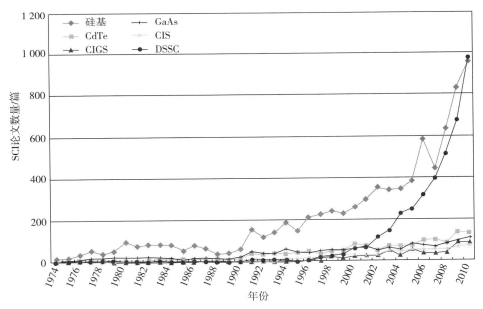

图 5-1　各种太阳能电池技术 SCI 论文情况

各种太阳能电池技术 EI 论文数量获取方式与 SCI 论文数量获取方式相同，只是数据库选择的是 EI-Compendex（即 EI 核心）数据库，检索年限为 1974～2010 年，所获得的各种太阳能电池技术每年的 EI 论文数量如图 5-2 所示。

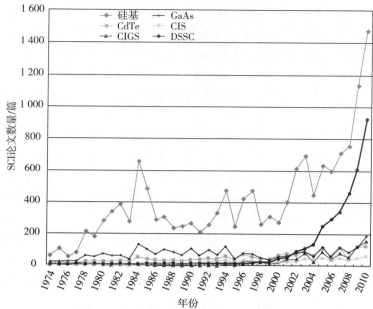

图 5-2　各种太阳能电池技术 EI 论文情况

2. 数据处理

为了利用 Fisher-Pry 模型来分析三代太阳能电池技术的发展阶段和未来发展趋势，根据 Daim 等（2006）所采用的文献数据处理方法，将三代太阳能电池技术的 SCI 论文数量和 EI 论文数量进行合并，合并以后的数据如图 5-3 所示。

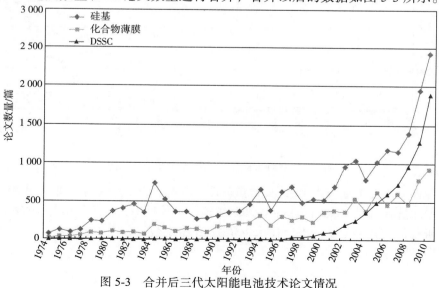

图 5-3　合并后三代太阳能电池技术论文情况

要绘制出三代太阳能电池技术各自的 Fisher-Pry 曲线，需要对合并后的数据进行归一化处理并计算式（5-1）中的 α 和 β；可以将式（5-1）转化为式（5-2），然后采用一元线性回归方法（本小节采用 SPSS 软件）计算出 α 和 β。

$$\ln \frac{y}{L-y} = \beta t - \alpha \qquad\qquad (5\text{-}2)$$

将 α 和 β 分别相应地代入式（5-1）中，便可绘制出三代太阳能电池技术各自的 Fisher-Pry 曲线，结果如图 5-4 所示。

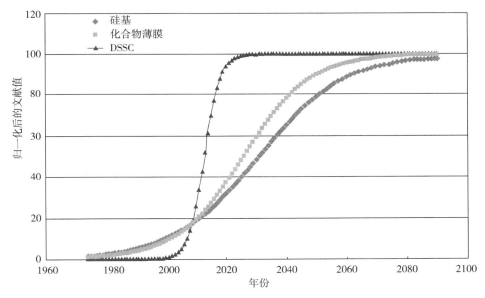

图 5-4　三代太阳能电池技术的 Fisher-Pry 模型

3. 结果分析

由图 5-4 可以知，化合物薄膜半导体太阳能电池技术正处在成长期，并将在 2040 年左右进入技术发展的成熟期；染料敏化太阳能电池技术正处在技术发展的快速成长期，并将在 2020 年左右进入技术发展的成熟期。但到 2040 年和 2020 年，化合物薄膜半导体太阳能电池技术和染料敏化太阳能电池技术是否真正达到成熟期，还需要与该领域的专家共同论证，此处不再赘述。

从图 5-4 可以看出，硅基太阳能电池技术正处在快速发展的成长期。但是，由于数据库访问权限的原因，本书只能查到 1974 年以后的论文；而硅基太阳能电池技术早在 1954 年就被研制出来，并有相关的论文发表①。因此，本书所获取的关于硅基太阳能电池技术的研究论文数据缺失了近二十年的数据。所以关于硅基太阳能电池技术的 S 形曲线预测可能存在一定的问题。Huang（2008）指出，判断技术发展阶段不仅需要客观的文献分析法，而且需要结合专家知识经验来判断。为此，笔者咨询了太阳能电池技术研究方面的专家，他们认为目前硅基太阳能电池技术已进入成熟期，被认为是太阳能电池技术领域中的"老技术"；而染料敏化太阳能电池技术正处于技术发展的成长期，被认为是太阳能电池技术领域中的"新兴技术"；与 S 形曲线分析结果相一致。而硅基太阳能电池技术和染料敏化太阳能电池技术分别代表了太阳能光伏产业中两个不同的技术轨道。

5.1.2 基于文献计量的染料敏化太阳能光伏技术分析

从上面的论述可以看出，染料敏化太阳能电池技术将是未来太阳能电池技术领域中非常具有发展潜力的技术。根据技术替代理论（吴贵生和王毅，2009）和技术轨道理论（Dosi，1982），如果硅基和染料敏化太阳能电池技术各自按照目前的技术轨道发展，那么太阳能光伏产业技术轨道将会在 2020 年左右发生变迁，技术机会窗口将会打开，此时将是实现产业跨越的最好时期。因此，如果我国想改变目前光伏产业核心技术受制于国外的局面，进而实现太阳能光伏产业的升级和跨越发展，那么就要加大对染料敏化太阳能电池技术的研发和产业化支持力度。为此，首先需要了解我国在染料敏化太阳能电池技术方面的基础研究情况。下面本节利用文献计量的方法，从论文数量、研究机构、研究热点、国际合作等方面来研究我国在染料敏化太阳能电池技术方面的基础研究情况。

1. 数据来源

本节首先以 Solar Cell 为主题检索词，在 Web of Science 中的 SCI-EXPANDED 数据库中进行检索，检索年限为 1974～2012 年，文献类型为 Article、Proceedings paper、Letter 和 Review 四种，共检索出 56 148 篇论文；其次以这些论文为母本；再次以 Dye-Sensitized Solar Cell 为检索词，精炼出 6 899 篇关于染料敏化太阳能光伏技术研究的 SCI 论文；最后以时间序列的形式统计出每年的论文数量，结果如图 5-5 所示。

---

① Energy Efficiency and Renewable Energy U.S. Department of Energy. 2002. The history of solar. www1. eere. energy.gov/solar/pdfs/solar_timeline.pdf.

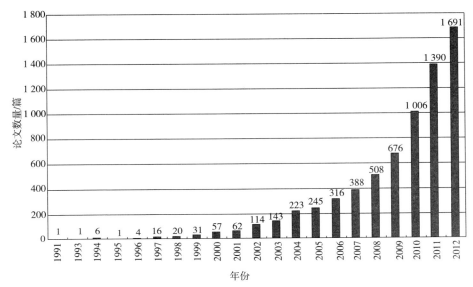

图 5-5　全球每年发表染料敏化电池技术的 SCI 论文情况

2. 论文数量分析

为了分析，精炼出 6 899 篇关于染料敏化太阳能电池技术研究的 SCI 论文，本节将这 6 899 篇论文导入 TDA（Thomson Data Analyzer）软件中，并在对导入的文献数据进行清洗后生成技术报告。技术报告中显示的每年从事染料敏化太阳能电池技术的研究人员情况如图 5-6 所示，每年染料敏化太阳能电池技术的技术方向情况如图 5-7 所示，全球不同国家和地区每年发表染料敏化太阳能电池技术的 SCI 论文情况如图 5-8 所示，全球不同国家和地区累计发表染料敏化太阳能电池技术的 SCI 论文的比例情况如图 5-9 所示。

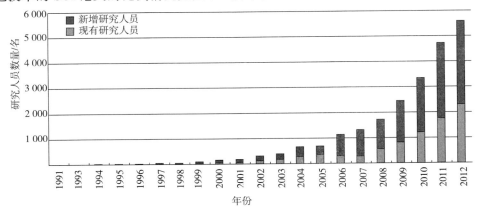

图 5-6　每年从事染料敏化太阳能电池技术的研究人员情况

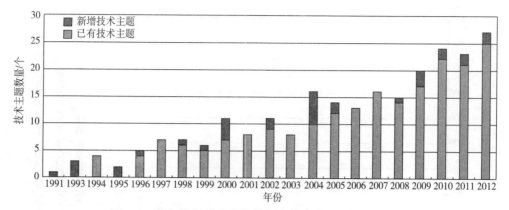

图 5-7　每年染料敏化太阳能电池技术的技术方向情况

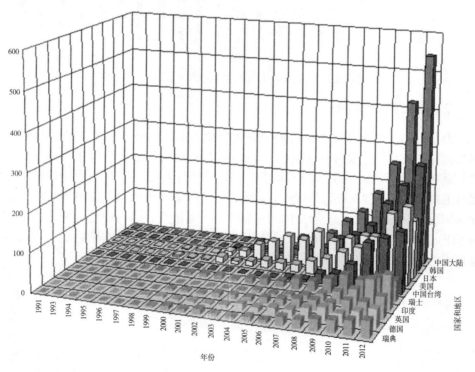

图 5-8　全球不同国家和地区每年发表染料敏化电池技术的 SCI 论文情况

　　从图 5-6 可以看出，自 2000 年以后，每年有许多新的研究者从事染料敏化太阳能电池技术的研究工作。另外，从图 5-7 可以看出，自 2008 年以后，染料敏化太阳能电池技术领域内出现了大量的新的技术方向。这些表明 2008 ~ 2012 年关于染料敏化太阳能电池技术的基础研究非常活跃。

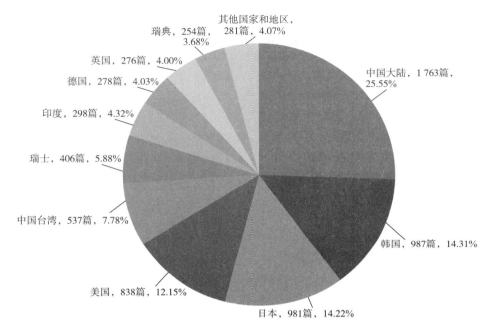

图 5-9　全球不同国家和地区累计发表染料敏化电池技术 SCI 论文的比例情况

从图 5-8 可以看出，中国大陆关于染料敏化太阳能电池技术的 SCI 论文自 2007 年以来，年发表数量已超过美国、日本和韩国等发达国家，成为 SCI 论文年发表数量最多的地区；而且从图 5-9 可以看出，中国大陆关于染料敏化太阳能电池技术的 SCI 论文累计数量已经达到 1 763 篇，超过韩国（987 篇）、日本（981 篇），美国（838 篇），成为发表论文总数最多的地区，约占全球的 25.55%。从发表论文的时间可以看出中国大陆关于染料敏化太阳能电池技术的研究几乎与国际同步[①]。

3. 研究机构合作共现分析

为了解全球有哪些大学和研究机构在从事染料敏化太阳能电池技术的基础研究工作，以及我国从事染料敏化太阳能电池技术基础研究的大学和研究机构的国际合作情况，需要对全球染料敏化太阳能电池技术的机构合作研究网络进行分析。Ucinet 软件由加州大学 Irvine 分校发布，由 Stephen Borgatti、Martin Everrett、Linton Freeman 团队负责软件扩展，是一款集成了多个可视化工具的社会网络分析软件（张玥和朱庆华，2009）。Ucinet 可用于合作网络、关键词共现网络等多种要素的可视化（张士靖等，2010）。为此，本节以染料敏化太阳能电池技术的 SCI 论文

---

① 本书中若无特殊说明，"中国"均指中国大陆。

为研究对象，利用 Ucinet 软件来可视化分析染料敏化太阳能电池技术的机构合作研究网络。

具体步骤如下：首先，将检索出的 6 899 篇论文导入 TDA 中，并对导入的文献作者的机构进行清洗。其次，将清洗后的作者研究机构生成机构合作矩阵，并将机构合作矩阵导入 Excel 中。最后，将 Excel 中的合作矩阵转换为 DL 格式的文件，按照 data→import text file→DL 的程序将其导入 Ucinet 软件中，再使用 Ucinet 软件中的 Netdraw 工具生成机构合作研究知识图谱（图 5-10）。

在图 5-10 中，节点代表研究机构，研究机构的名称在节点右侧显示。节点的大小表示该研究机构与其他所有研究机构合作共现的总次数；节点之间的连线表示两个研究机构间的合作关系，连线的数量表示与该研究机构合作过的其他国家的数量，连线的粗细表示连线两端的研究机构合作次数。

从图 5-10 可以看出，节点比较大的机构是 "Chinese Academy of Sciences"（中国科学院）、"Ecole Polytech Fed Lausanne"（瑞士洛桑联合理工大学）、"Swiss Federal Institute of Technology"（瑞士联邦理工学院）、"Natl Inst Adv Ind Sci&Technol"（日本产业技术综合研究所），表明这四所机构与其他机构合作的次数较多，分别合作 463 次、186 次、182 次、182 次，同时也表明这四所研究机构处于染料敏化太阳能电池技术基础研究的国际前沿。在图 5-10 中，国内机构除中国科学院以外，还有 "Tsinghua Univ"（清华大学）、"Shanghai Jiao Tong Univ"（上海交通大学）、"Dalian Univ Technol"（大连理工大学）等机构，表明这些机构也对染料敏化太阳能电池技术进行了大量的国际合作研究，其中大连理工大学与 "Uppsala Univ"（瑞典乌普萨拉大学）、"Royal Inst Technol"（瑞典皇家理工学院）形成了密切合作的 "铁三角"。

4. 研究热点分析

CiteSpace 是美国 Drexel 大学陈超美博士开发的基于 JAVA 平台的可视化软件，可以对资料文献中的全记录数据进行共现网络分析和可视化，使用户直观地识别学科领域的知识内涵，快速发现学科领域的研究热点和前沿。词频分析（word frequency analysis）是图书馆、情报与文献学常用的研究方法之一，其主要以词频的高低来揭示科学研究中各研究主题的受关注程度。这里的 "词" 是指能够表征文献主题特征的关键词，而不包含泛指的词，也不包含无实际意义的助词等。一般而言，词频越高，表明这一主题词受关注程度越高；受关注程度高的关键词可代表该领域的研究热点（Chen，2006）。

为了分析染料敏化太阳能电池技术领域的研究热点，从全球关于染料敏华太阳能电池研究的 6 899 篇 SCI 论文中选取 2010 年至 2012 年发表的论文，共 4 087 篇，利用 CiteSpace 对这些论文进行关键词共现分析。在阈值设置栏中将阈值设

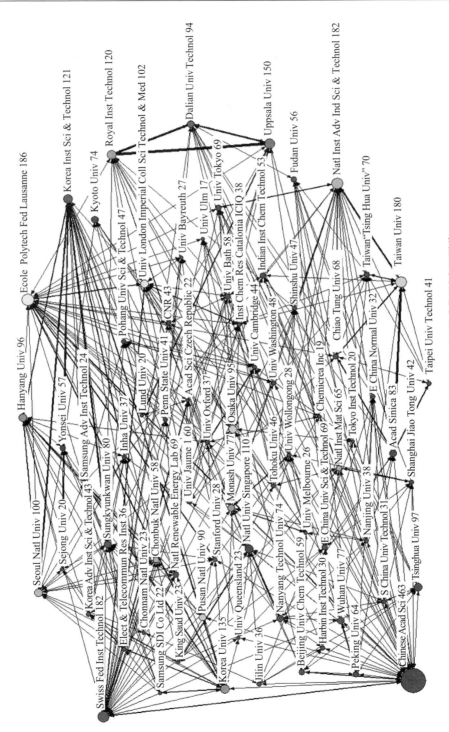

图5-10　染料敏化太阳能电池技术机构合作研究知识图谱

置为（35，8，20），选择关键词分析按钮，分析结果如图 5-11 所示。在关键词共现图谱中，共生成 70 个节点，42 条线；每个节点代表一个关键词，关键词的名称在节点中心点的右侧显示；节点的大小代表节点出现的频次，节点之间的连线的颜色代表首次共现的时间；在这 70 个节点中，与 dye-sensitized solar cell 共现且节点较大的是"efficiency""performance""films""conversion"（表 5-1），表明它们是目前染料敏化太阳能电池技术领域中的研究热点。

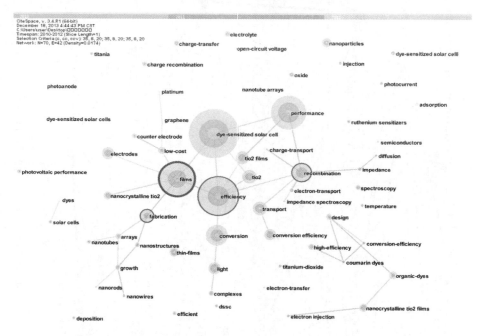

图 5-11　全球染料敏化太阳能电池研究论文关键词共现知识图谱

表 5-1　全球染料敏化太阳能电池研究论文高频关键词（单位：次）

序号	频次	关键词
1	986	efficiency
2	868	performance
3	860	films
4	576	conversion
5	490	recombination
6	381	tio$_2$ films
7	380	tio$_2$
8	371	transport
9	345	fabrication
10	327	light

　　同时从中国关于染料敏化太阳能电池的 1 763 篇 SCI 论文中选取 2010 年至 2012 年发表的论文，共 1 224 篇；利用 CiteSpace 对这些论文进行关键词共现分析。在阈值设置栏中将阈值设置为（20，5，20），选择关键词分析按钮，分析结果如图 5-12 所示。在关键词共现图谱中，共生成 41 个节点，46 条线；在这 41 个节点中，与 dye-sensitized solar cell 共现且节点较大的是"performance""films" "efficiency""conversion"（表 5-2），表明它们是目前中国关于染料敏化太阳能电池技术的研究热点。

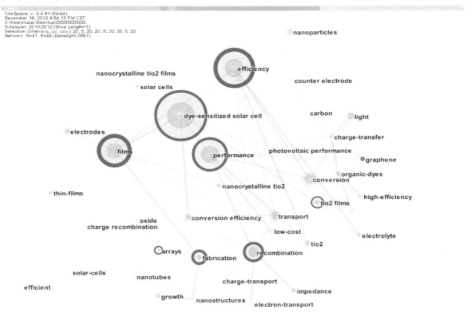

图 5-12　中国染料敏化太阳能电池研究论文关键词共现知识图谱

表 5-2　中国染料敏化太阳能电池研究论文高频关键词（单位：次）

序号	频次	关键词
1	345	efficiency
2	319	performance
3	284	films
4	178	conversion
5	168	recombination
6	129	transport
7	122	tio$_2$ films
8	115	fabrication
9	115	conversion efficiency
10	113	electrodes

从图 5-11、图 5-12、表 5-1 和表 5-2 可以看出，中国关于染料敏化太阳能电池技术的研究热点与国际上关于染料敏化太阳能电池技术的研究热点几乎相同。

5. 国家合作分析

由于科学知识的日新月异，以及各国研究资源的限制，国家间的合作研究对提高各国的科研水平和创新能力具有重要作用。为了解我国在染料敏化太阳能电池技术研究方面的国际合作研究情况，需要分析染料敏化太阳能电池技术国际合作研究网络。

具体步骤如下：首先，将检索出的 6 899 篇论文导入 TDA 中，生成国家合作矩阵，并将国家合作矩阵导入 Excel 中。其次，将 Excel 中的国家合作矩阵数据转换为 DL 格式的文件，按照 data→import text file→DL 的程序将其导入 Ucinet 软件中。最后，使用 Ucinet 软件中的 Netdraw 工具生成国家合作知识图谱（图 5-13）。

在图 5-13 中，节点代表国家，国家的名称在节点右侧显示。节点的大小表示该国与其他所有国家合作共现的总次数；节点之间的连线表示两个国家间的合作关系，连线的数量表示与该国家合作过的其他国家的数量，连线的粗细表示连线两端的国家合作次数。从图 5-13 中可以看出，中国与美国、瑞士、日本、韩国等国家合作较为密切；而美国、瑞士、日本、韩国是这些国家中与其他国家合作次数较多的国家，合作次数分别是 370 次、354 次、273 次和 235 次。

在社会关系网络中，中心性是衡量网络中成员地位的优越性和重要性等的常用指标。中心性又分为两种形式，即程度中心性和介数中心性；其中，程度中心性用来衡量网络成员在网络中的关键程度，即某个成员在网络中的程度中心性越高，它在网络中的地位就越重要（Kadushin，2005）。

为了分析出各个国家（或地区）在国家合作研究网络中的重要程度，需要计算国家合作研究网络中的程度中心性。用 Ucinet 软件计算国家（或地区）合作研究网络中的程度中心性的步骤如下：首先，在 Network 中选取 Centrality；其次，选取 Degree；最后，在 Tread data as symmetric 对话框中选择 Yes。根据程度中心度指标，各个国家（或地区）在合作研究网络的程度中心度如表 5-3 所示。程度中心度指标大于异质性指标，说明网络的中心度偏高，进而说明合作研究网络中的国家（或地区）合作比较集中，并且有一部分国家（或地区）的合作总体力度较大。

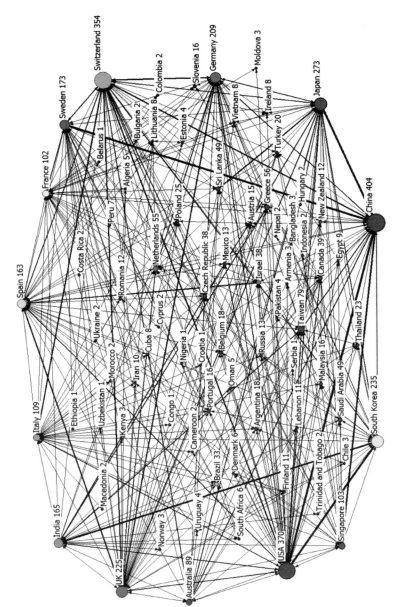

图5-13　染料敏化太阳能电池国家合作研究知识图谱

表 5-3　染料敏化太阳能电池国家（或地区）合作研究网络的程度中心度

序号	国家（或地区）	程度中心度	标准化程度中心度
1	中国大陆	404	7.426
2	美国	370	6.801
3	瑞士	354	6.507
4	日本	273	5.018
5	韩国	235	4.32
6	英国	225	4.136
7	德国	209	3.842
8	瑞典	173	3.18
9	印度	165	3.033
10	西班牙	163	2.996
11	意大利	109	2.004
12	新加坡	103	1.893
13	法国	102	1.875
14	澳大利亚	89	1.636
15	中国台湾	79	1.452
16	希腊	56	1.029
17	荷兰	55	1.011
18	沙特阿拉伯	49	0.901
19	斯里兰卡	49	0.901
20	加拿大	39	0.717

如表 5-3 所示，国家（或地区）合作研究网络中排名前五位的国家（或地区）依次是中国大陆（标准化程度中心度是 7.426）、美国（标准化程度中心度是 6.801）、瑞士（标准化程度中心度是 6.507）、日本（标准化程度中心度是 5.018）和韩国（标准化程度中心度是 4.32），说明中国大陆在国家（或地区）合作研究网络中占据着重要位置，并且与其他国家（或地区）的合作次数也较多。

6. 结果分析

1）中国发展染料敏化太阳能电池技术的优势

从发表的关于染料敏化太阳能电池的 SCI 论文数量来看，中国的年发表论文数量自 2007 年以后超过美国、日本和韩国等发达国家，成为 SCI 论文年发表数量最多的国家；而且最近几年，中国论文发表活动频繁，论文数量远远超过其他国家，显示出强劲的发展势头。从研究机构上来看，中国科学院开展染料敏化太阳能电池技术研究的时间几乎与国际同步，并且已成为全球发表关于研究染料敏化太阳能电池技术 SCI 论文最多的研究机构。从研究热点来看，目前中国关于染料敏化太阳能电池技术的研究热点与国际上的研究热点几乎相同。从国际合作研究情况来看，中国在关于染料敏化太阳能电池技术研究方面也进行了很好的国际合作研究。

这些说明，中国在染料敏化太阳能电池技术的基础研究方面已经达到国际先进水平，并且以中国科学院为代表的科研机构已处在国际研究前沿。这为中国发展以染料敏化太阳能电池技术为基础的光伏产业提供了保障。

2）中国发展染料敏化太阳能电池技术的挑战

虽然中国大陆关于染料敏化太阳能电池技术研究的 SCI 论文自 2007 年以后，年发表数量已位居第一，而且总数量也最多。但中国大陆论文在总被引频次、每项平均引用次数和年平均引用次数上与瑞士、日本和美国有较大差距。截至 2012 年，中国大陆关于染料敏化太阳能电池技术研究的 SCI 论文的总被引频次、每项平均引用次数和年平均引用次数分别是 43 371 次、24.61 次、2 710.69 次；而瑞士分别是 64 071 次、157.81 次、2 669.62 次；美国分别是 48 405 次、57.76 次、2 689.17 次；日本分别是 44 234 次、45.09 次、2 328.11 次[①]。全球主要国家和地区染料敏化太阳能电池技术 SCI 论文每项平均被引频次情况如图 5-14 所示。

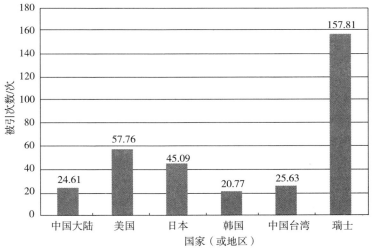

图 5-14　全球主要国家和地区染料敏化太阳能电池技术 SCI 论文每项平均被引频次情况

5.1.3　基于文献计量的太阳能光伏技术结果分析

为了分析太阳能光伏技术的发展现状和趋势，本节以 Web of Science 数据库为数据源，收集 1974~2010 年的太阳能光伏技术相关文献，通过 Fisher-Pry 模型分析，揭示全球太阳能光伏技术的发展阶段和趋势。从文献计量学分析的角度来

① 资料来源：Web of Science 中的 SCI-EXPANDED 数据库。

看，染料敏化太阳能电池技术正处在技术发展的快速成长期，并将是未来太阳能电池技术领域中非常具有发展潜力的新兴技术。本节以 Web of Science 数据库为数据源，收集 1990 ~ 2012 年的染料敏化太阳能光伏技术文献，利用 CiteSpace 软件、Ucinet 软件，从论文数量、研究机构、研究热点、国际合作等方面来对染料敏化太阳能电池技术进行可视化分析，探寻我国发展染料敏化太阳能光伏技术面临的机会与挑战。从研究结果看，我国发展染料敏化太阳能电池技术具备了较好的基础：近几年，我国染料敏化太阳能电池技术的 SCI 论文发表活动频繁，论文数量远远超过其他国家，显示出强劲的发展势头，并且研究热点与国际上几乎相同，以中国科学院为代表的科研机构已处在国际研究前沿；在染料敏化太阳能电池技术的国际合作研究方面，我国的大学和研究机构也进行了很好的国际合作。这些说明我国在染料敏化太阳能电池技术的基础研究方面，已经达到国际先进水平，为我国发展以染料敏化太阳能电池技术为基础的光伏产业提供了保障。

　　从我国光伏产业发展的历程来看，我国在硅基光伏技术的基础研究方面长期薄弱，对光伏产业发展贡献较少。而目前全球光伏产业中主导技术路线尚不确定，存在多种不同的光伏技术路线。因此，这也为我国光伏产业的发展提供了机遇，只有加大对有产业背景的光伏技术（如染料敏化光伏技术）基础研究的支持，才能保证我国光伏产业具有原创活力和持续发展的前景。

　　为此，结合本节的研究结果，对我国发展以染料敏化太阳能电池技术为基础的光伏产业建议如下。

　　（1）加强对染料敏化太阳能电池技术基础研究的支持。加大对基础研究的资金支持力度，鼓励大学、科研机构、企业加强与国际上染料敏化太阳能电池技术基础研究较强的大学、科研机构、企业的交流和合作，为我国的太阳能光伏产业的发展提供原创活力。

　　（2）推动染料敏化太阳能电池技术成果产业化。根据我国在染料敏化太阳能电池技术方面的研究优势，构建产、学、研相结合的发展模式，加快染料敏化太阳能电池技术科研成果的转化和产业化进程，加大对染料敏化太阳能电池技术的研发、应用、示范、产业化的政策支持力度，争取在染料敏化太阳能光伏技术领域、生产工艺、装备制造等方面，获得自主知识产权，为太阳能光伏产业的发展奠定技术和产业基础，进而提升我国太阳能光伏产业在全球范围内的产业竞争力。

5.2　基于专利的太阳能光伏技术分析

　　专利数据中包含着大量的技术信息。专利地图是一种通过高维聚集海量的专利数据，直观、形象地揭示技术之间的复杂关系，显示技术全景及技术分布格局的专利分析和可视化工具。

目前，专利地图分析工具以 Thomson Reuters 研发的 Thomson Innovation（TI）和 TDA 为典型代表。Thomson Innovation 支持检索和分析美国、日本、韩国、中国等的专利全文及引用数据，可通过专利词频统计和文本聚类来创建专利地图——它直观显示了技术主题分布和专利布局。Thomson Innovation 专利数据覆盖了德温特专利数据库（Derwent innovations index，DII）、美国专利申请数据库、欧专局专利申请数据库等，其中 DII 是由 Thomson Derwent 推出的基于 Web 的专利信息数据库，这一数据库将德温特世界专利索引（Derwent world patents index，DWPI）与德温特世界专利引文索引（Derwent world patents citation index，DWCI）加以整合，收录来自全球四十多个专利机构（涵盖一百多个国家）的一千多万件基本发明专利，两千多万条专利情报，资料回溯至 1963 年，每周更新超过两件专利。

因此，本节将利用 Thomson Innovation 专利数据来挖掘全球光伏技术的全样本，并利用 Thomson Innovation 和 TDA 等专利地图分析工具探索全球光伏技术研发竞争态势。

5.2.1　基于专利数据的全球太阳能光伏技术专利地图分析

1. 数据来源

以德温特专利数据库为来源数据库，检索关键词为 "solar* cells*" "solar* cell*"，并利用 IPC 国际分类号 "H01"（basic electric elements）、"H02"（generation，conversion，or distribution of electric power）、"F21"（lighting）、"B62"（land vehicles for traveling otherwise than on rails）对专利技术的范围进行限定，以提高专利检索的准确性。为了了解全球太阳能光伏技术的演进情况，将检索时间段设为四个阶段，分别为 1967~2000 年、1967~2005 年、1967~2010 年、1967~2013 年。

2. 全球太阳能光伏技术专利地图分析

为了揭示全球光伏技术的演变过程，以及美国、日本、韩国和中国的光伏技术在全球光伏技术领域中的分布情况和演变过程，本章利用 Thomson Innovation 专利地图分析功能，通过对检索到的专利进行词频聚类分析，生成全球光伏技术演进的专利地图和美国、日本、韩国、中国专利分布地图。具体步骤如下：首先，在 Thomson Innovation 检索界面中选择德温特专利数据库为来源数据库，并将检索时间段设为 1967～2000 年、1967～2005 年、1967～2010 年、1967～2013 年；其次，分别以检索表达式 ABD=（solar* ADJ cells* or solar* ADJ cell*）AND IC=（F21 OR B62 OR H01 OR H02）AND DP>=（19670101）AND DP<=（20001231）、ABD=（solar* ADJ cells* or solar* ADJ cell*）AND IC=（F21 OR B62 OR H01 OR H02）AND DP>=（19670101）AND DP<=（20051231）、ABD=（solar* ADJ cells* or solar* ADJ cell*）AND IC=（F21 OR B62 OR H01 OR H02）AND DP>=（19670101）AND DP<=（20101231）、ABD=（solar* ADJ cells* or solar* ADJ cell*）AND IC=（F21 OR B62 OR H01 OR H02）AND DP>=（19670101）AND DP<=（20131231）进行专利检索，分别共检索到 4 994 件、11 573 件、28 854 件、55361 件专利数据；最后，分别将这些检索到的专利利用 Thomson Innovation 专利地图分析功能生成专利地图，结果分别如图 5-15～图 5-18 所示。在专利地图中，点表示专利，各点之间的距离表示专利内容的相关程度，等高线表示专利密度（专利地图以等高线作为绘制的基准），山峰区域表示集聚于某一特定技术主题的专利群。专利地图呈现了技术主题分布的情况，而不同时间段的同一技术领域的专利地图能够反映技术的演变过程及不同技术主题的分布。因此，从图 5-15～图 5-18 中能够发现全球光伏技术演变情况。

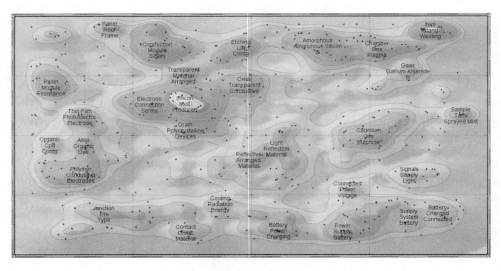

图 5-15　太阳能电池技术全球专利地图（1976～2000 年）

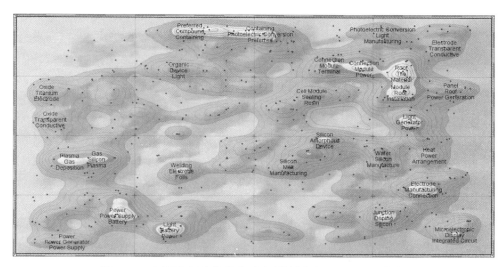

图 5-16　太阳能电池技术全球专利地图（1976～2005 年）

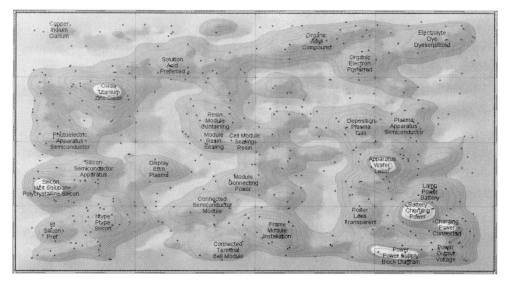

图 5-17　太阳能电池技术全球专利地图（1976～2010 年）

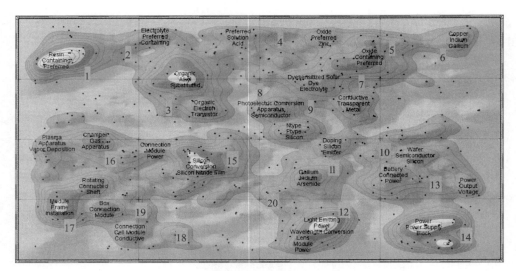

图 5-18　太阳能电池技术全球专利地图（1976～2013 年）

从图 5-15 可以看出，2000 年以前，全球太阳能电池技术专利主要分布在 "Silicon Produced"（硅基太阳能电池）、"photoelectric，electrode，material"（光电、电子、材料）、"thin film，gaas，Cds"（薄膜、砷化镓、碲化镉），"Power supply，Power charging，junction，Pn"（电池的充、放电及 PN 结构）等技术领域，说明在 2000 年以前，全球太阳能电池技术主要集中在硅基太阳能电池技术领域，技术研发也主要围绕着硅基太阳能电池技术的材料、结构、充放电等主题进行，但同时也出现了化合物薄膜半导体太阳能电池技术，如砷化镓、碲化镉等太阳能电池技术。

从图 5-16 可以看出，2005 年以前，全球太阳能电池技术专利主要分布在 "silicon，cell module，wafer，manufacturing"（硅基太阳能电池生产工艺）、"photoelectric conversion，compound，oxide"（光电转化效率、化合物、氧化物）、"module，panel，power，installation，connection，roof"（屋顶太阳能光伏的安装、链接、发电）、"power supply，battery，power generation"（电池的发电）、"organic，device，light"（有机光伏电池）等技术领域，说明在 2005 年以前，全球太阳能电池技术主要还是集中在硅基太阳能电池技术领域，技术研发也主要围绕着硅基太阳能电池技术的材料、转化效率、生产工业等主题以及屋顶太阳能光伏的安装、链接、发电等技术主题，但同时也出现了有机太阳能电池技术。

从图 5-17 可以看出，2010 年以前，全球太阳能电池技术专利主要分布在 "silicon，cell module，ntype，ptype，connecting，installation"（硅基太阳能电池模块、结构、链接、安装）、"photoelectric，titanium，zinc oxide"（光电子、钛氧化物、锌氧化物）、"power supply，power charging，battery，apparatus"（电

池装置的充放电）、"organic，alkyl，dye-sensitized"（有机光伏电池）等技术领
域，说明在 2010 年以前，全球太阳能电池技术主要还是集中在硅基太阳能电池
技术领域，技术研发也主要围绕着硅基太阳能电池技术的材料、结构、模块、
组件的充放电等主题进行，有机太阳能光伏电池技术涌现。并且从图 5-17 看出，
截至 2010 年，全球太阳能光伏技术专利的相似度很高，技术主题分布区域已连
成一片，这也说明全球太阳能光伏电池技术的相关程度较高，技术专利主要集
中在硅基太阳能电池技术、化合物薄膜太阳能电池技术和有机太阳能光伏电池
技术领域。

从图 5-18 可以看出，截至 2013 年，全球太阳能电池技术专利主要分三大块，
并主要集中在"silicon，module，conversion，silicon nitride film，connecting，
installation"（硅基太阳能电池领域内的电池模块、转化效率、组件的链接和安装
等）、"semiconductor，gallium，copper，indium，arsenide"（化合物半导体太阳能
电池领域，如铜、铟、镓、砷等化合物电池等）、"organic，alkyl，dye-sensitized，
zinc oxide"（有机太阳能电池领域，如染敏太阳能电池等）等技术领域，说明截
至 2013 年，全球太阳能电池技术主要集中在硅基太阳能电池、化合物薄膜半导体
太阳能电池和有机太阳能电池技术领域，技术研发也主要围绕着太阳能电池技术
的材料、结构、模块、组件的转化效率等主题进行。截至 2013 年，全球太阳能电
池技术的技术全球专利地图（1976～2013 年）主题名称如表 5-4 所示。

表 5-4　太阳能电池技术全球专利地图（1976～2013 年）中的技术主题名称

序号	关键词（英文）	关键词（中文）
1	preferred，resin，contains，cell module，sheet，adhesive，component，seal	首选、树脂、包含、电池组件、板材、胶粘剂、组件、密封
2	electrolyte，preferred，contains，battery，salt，capacitor，lithium，compound，solvent	电解质、首选、包含、电池、盐、电容器、锂、复合、无溶剂
3	organic，preferred，compound alkyl，substituted，contains aryl，electron	有机的、优选的、化合物、烷基、取代的、含有芳基、电子
4	preferred，contains acid，component，organic solution，water，solvent，silicon	优选的、含有酸、成分、有机溶液、水、溶剂、硅
5	silicon oxide，conduction，titanium，preferred，zinc，contains，metal，semiconductor，transparent	硅氧化物、传导、钛、优选、锌、含有金属、半导体、透明
6	copper，indium，gallium，selenide，cigs，selenium，molybdenum，aluminum	铜、铟、镓、硒、铜铟镓硒、硒、钼、铝
7	conduction，transparent，metal，semiconductor，photoelectric conversion，wavelength conversion，silicon oxide	传导的、透明的、金属、半导体、光电转换、波长转换、氧化硅
8	photoelectric conversion，conversion/wavelength conversion apparatus，semiconductor，transparent，silicon，conduction	光电转换、转换/波长转换装置、半导体、透明、硅、传导
9	n-type，p-type，silicon，semiconductor，photoelectric conversion，intrinsic，conduction	n-型、P 型、硅、半导体、光电转换、内在的、传导

续表

序号	关键词（英文）	关键词（中文）
10	doping, silicon, emitter, semiconductor, dopant, diffusion, conduction, passivation	掺杂、硅、发射器、半导体、掺杂、扩散、传导、钝化
11	gallium semiconductor, indium, arsenide aluminum, silicon, preferred, phosphide	镓半导体、铟、砷化铝、硅、优选的、磷化物
12	power generation, lighting emitting, cell module, photoelectric conversion, transparent, sunlight, apparatus, lens	发电、照明发光、电池模块、光电转换、透明的、太阳光、装置、透镜
13	power generation, connection, battery, output voltage, control block, apparatus, cell module, power support, controlling	发电、连接、电池、输出电压、控制模块、仪器、电池组件、功率支持、控制
14	power generation, battery, power support, connection, control charge, block storage, controlling, output, installed	发电、电池、电源支持、连接、控制、收费、块、存储、控制、输出、安装
15	silicon, semiconductor, photoelectric conversion, silicon melt, contains, silicon wafer, apparatus	硅、半导体、光电转换、硅熔液、包含、硅晶片、装置
16	chamber, apparatus, gas, vapor deposition, semiconductor, power support, plasma, connection	室、仪器、气体、蒸汽沉积、半导体、电源支持、等离子、连接
17	connection, cell module, fixing, frame, installed, power generation, mounting, panel, roof, box, building, rotating	连接、电池组件、固定、支架、安装、发电、安装、面板、顶板、箱、建筑、旋转
18	cell module, power generation, connection, installed, output apparatus, photoelectric conversion, conduction	电池组件、发电、连接、安装、输出装置、光电转换、传导
19	connection cell module, apparatus, solder, power generation, conduction, semiconductor, power support, sheet	连接电池组件、仪器、焊接、发电、传导、半导体、电源支持、表
20	display, etch, conduction, plasma, photoresit mask, semiconductor, transparent, silicon	显示、蚀刻、传导、等离子体、光致抗蚀剂掩模、半导体、透明、硅

3. 主要国家太阳能光伏技术专利分布地图分析

在专利的申请过程中，专利申请人通常会首先在其所属国申请专利，其次再向其他国家申请专利，因此专利的优先权国可以映射专利权人的国别。

为了了解和分析美国、日本、韩国和中国的太阳能电池光伏技术演进情况，以及这四个国家的太阳能电池光伏技术在全球太阳能电池光伏技术专利地图中的分布情况，本节利用优先权国家/地区字段，在已生成的四个不同时间段（1967～2000 年、1967～2005 年、1967～2010 年、1967～2013 年）的专利地图中进行二次检索（检索词分别为 US、JP、KR、CN[①]），分别在已生成的专利地图中显示美国专利分布、日本专利分布、韩国专利分布、中国专利分布，结果分别如图 5-19～图 5-31 所示。

---

① US 代表美国；JP 代表日本；KR 代表韩国；CN 代表中国。

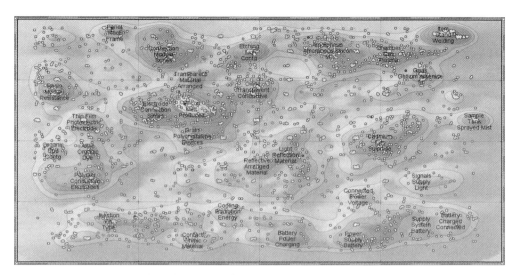

图 5-19　太阳能电池全球专利地图四国比较（1976～2000 年）

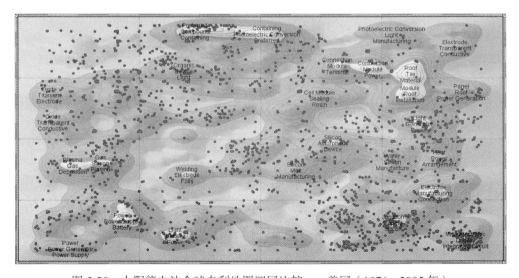

图 5-20　太阳能电池全球专利地图四国比较——美国（1976～2005 年）

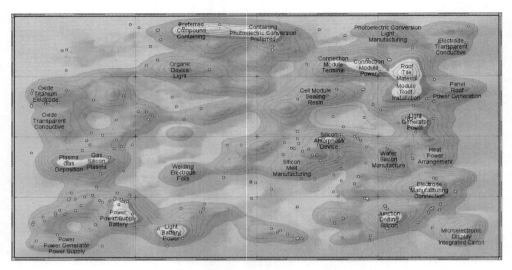

图 5-21　太阳能电池全球专利地图四国比较——韩国（1976～2005 年）

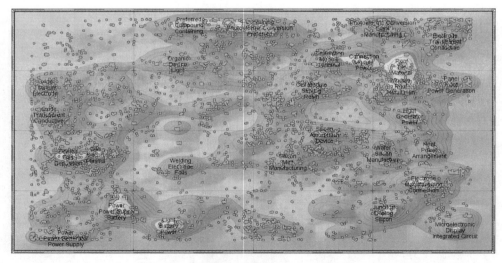

图 5-22　太阳能电池全球专利地图四国比较——日本（1976～2005 年）

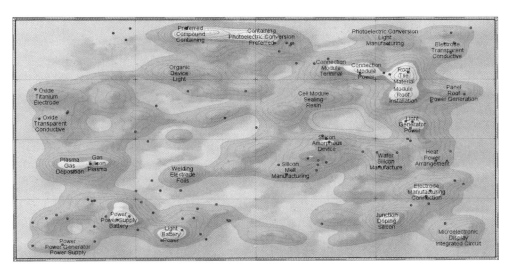

图 5-23　太阳能电池全球专利地图四国比较——中国（1976～2005 年）

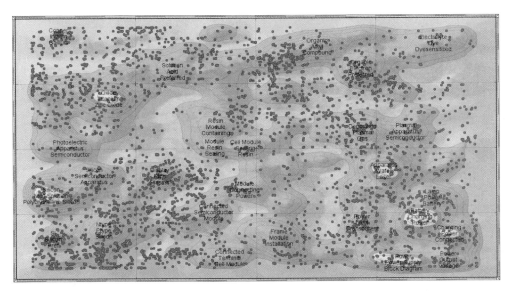

图 5-24　太阳能电池全球专利地图四国比较——美国（1976～2010 年）

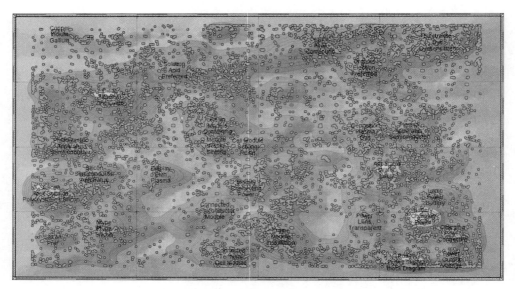

图 5-25　太阳能电池全球专利地图四国比较——日本（1976～2010 年）

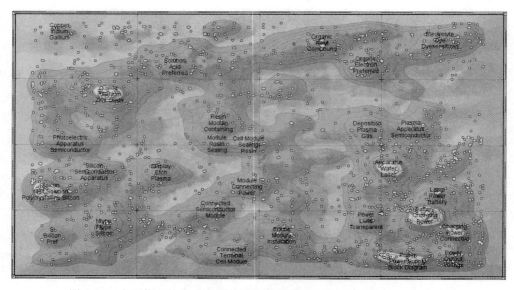

图 5-26　太阳能电池全球专利地图四国比较——韩国（1976～2010 年）

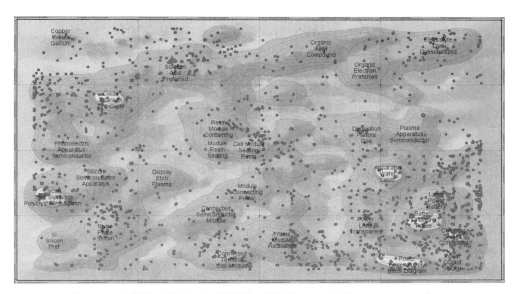

图 5-27　太阳能电池全球专利地图四国比较——中国（1976～2010 年）

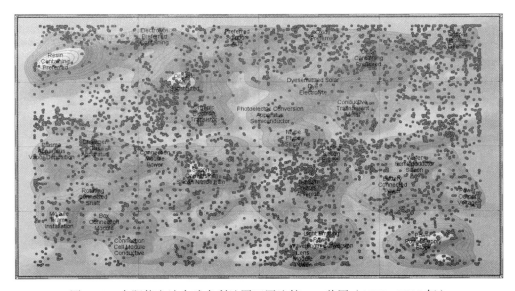

图 5-28　太阳能电池全球专利地图四国比较——美国（1976～2013 年）

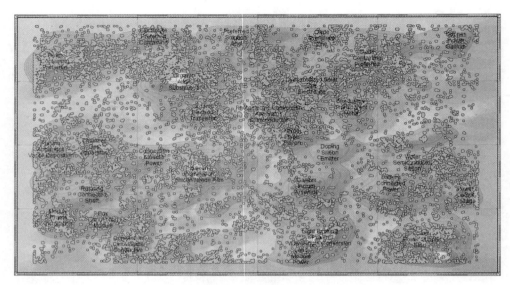

图 5-29　太阳能电池全球专利地图四国比较——日本（1976～2013 年）

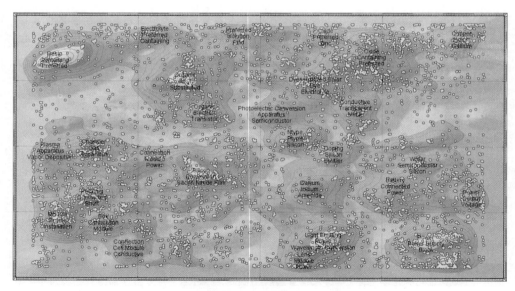

图 5-30　太阳能电池全球专利地图四国比较——韩国（1976～2013 年）

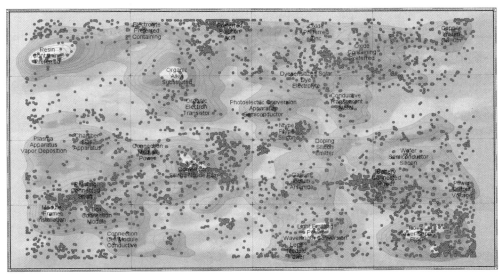

图 5-31　太阳能电池全球专利地图四国比较——中国（1976～2013 年）

从图 5-19 中可以看出，2000 年以前全球太阳能电池光伏技术专利主要拥有者为美国和日本，而中国和韩国专利相对较少，特别是中国，只有少量的关于硅基太阳能电池技术和化合物半导体太阳能电池技术专利。

从图 5-20～图 5-23 可以看出，美国和日本在全球太阳能电池技术不同领域中几乎都拥有专利，而韩国和中国在全球太阳能电池技术领域中还存在大量的技术空白，但相比 2000 年以前，太阳能电池技术专利有所增加。

从图 5-24～图 5-31 可以看出，美国和日本在全球太阳能电池技术不同领域中拥有大量的专利，表明美国和日本已形成了完备的太阳能电池技术体系；而韩国和中国在近几年太阳能电池技术专利增长迅速，并已在全球太阳能电池技术不同领域中进行专利布局，但依然还存在着技术空白点，如韩国在化合物半导体太阳能电池技术领域中专利相对较少，中国在有机太阳能电池技术领域中专利相对较少。

为了更进一步了解全球太阳能电池技术专利分布情况及专利具体拥有者（专利权人）情况，本节在德温特专利数据库中对已检索到的 55 361 件专利（截至 2013 年）进行统计分析，提取 2000 年至 2013 年美国、日本、中国和德国专利，以及全球太阳能电池光伏专利分布情况和全球前 15 名太阳能电池技术专利权人，结果分别如图 5-32～图 5-34 所示。

从图 5-32 和图 5-33 可以看出，截至 2013 年，日本是全球申请太阳能电池技术专利最多的国家，约占全球太阳能电池技术专利申请的 32.71%；而中国大陆太阳能电池技术专利申请是在 2007 年以前才逐渐增多，并在 2010 年超过美国、德国，成为全球太阳能电池技术专利年申请量第二的地区，截至 2013 年，其专利申请量约占全球的 12.03%。从图 5-34 可以看出，全球前 15 名太阳能电池技术专利申请

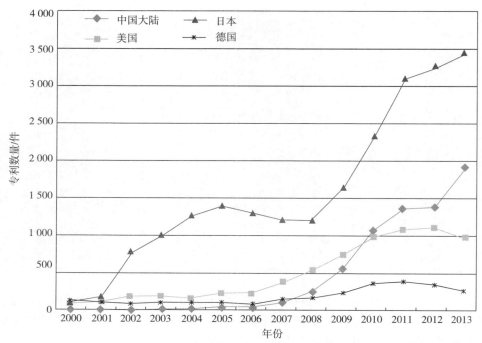

图 5-32　2000～2013 年美国、日本、中国大陆、德国光伏专利情况

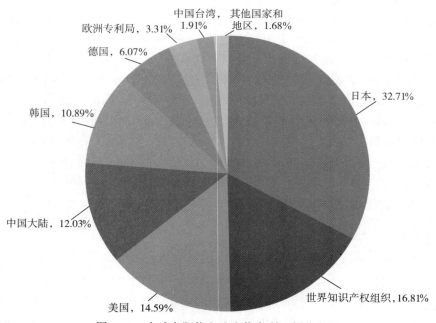

图 5-33　全球太阳能电池光伏专利比例分布图

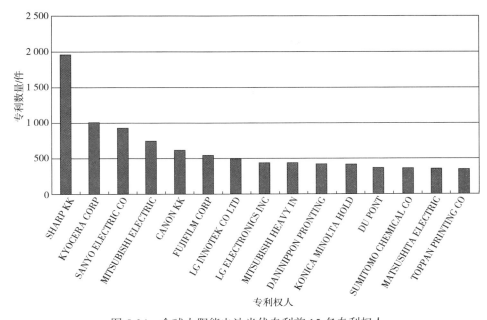

图 5-34　全球太阳能电池光伏专利前 15 名专利权人

者主要是一些日本公司（ SHARP KK、KYOCERA CORP、SANYO ELECTRIC CO、MITSUBISHI ELECTRIC、CANON KK、FUJIFILM CORP 等 ）、韩国公司（ LG INNOTEK CO LTD、LG ELECTRONICS INC 等 ）、美国公司（ DU PONT ），其他国家的公司较少。

5.2.2　基于专利数据的染料敏化太阳能光伏技术专利地图分析

　　通过 5.2.1 节对全球太阳能电池技术专利地图的分析和对美国、日本、韩国、中国在全球太阳能电池技术领域中的专利对比分析可知：中国在硅基太阳能电池技术和化合物半导体太阳能电池技术领域与美国、日本差距较大，美国、日本在这两个技术领域已拥有核心专利和比较完备的技术体系，而且早已在这两个技术领域进行了专利布局。因此，中国在这两个技术领域与美国、日本相比已不具有竞争优势。

　　由 5.2.1 节的分析可知，2005 年前后全球太阳能电池技术领域出现了新兴太阳能电池技术——有机太阳能电池技术（如染料敏化太阳能电池技术），而且近几年发展也较为迅速。而以染料敏化太阳能电池技术为代表的有机太阳能电池技术被认为是未来最具有发展潜力和产业化前景最为广阔的太阳能光伏技术。因此，为了解我国在这一新兴光伏技术领域——染料敏化太阳能光伏技术领域的专利情况，本节利用专利地图分析工具，对全球染料敏化太阳能光伏技术进行专利分析，探寻我国发展染料敏化太阳能光伏技术面临的机会与挑战，进而为我国光伏产业的未来发展提供决策支持。

1. 数据来源

以德温特专利数据库为来源数据库，利用德温特手工代码 X15-A02D1（DYE-SENSITISED SOLAR CELL）、U12-A02A8（DYE SENSITIZED SOLAR CELLS）、L03-E05B1（DYE-SENSITIZED SOLAR CELLS），对全球染料敏化太阳能光伏技术进行专利检索，检索时间段设为 1990～2013 年，共检索到 4 124 件专利。

2. 染料敏化太阳能光伏技术专利地图分析

为了了解全球染料敏化太阳能电池技术专利发展趋势、分布情况及专利拥有者（专利权人），本节在德温特专利数据库中将已检索到的 4 124 件专利（截至2013 年）进行统计分析，提取美国、日本、中国和韩国专利，以及全球太阳能电池技术专利分布情况和全球前 15 名染料敏化太阳能电池技术专利权人，结果分别如图 5-35～图 5-37 所示。

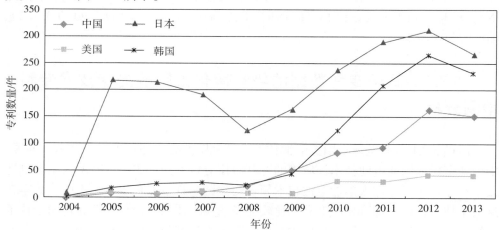

图 5-35　2004～2013 年日本、韩国、美国、中国四国专利情况

从图 5-35 可以看出，日本从 2004 年开始申请染料敏化太阳能电池技术专利，在 2005 年申请量急剧上升，但之后几年呈逐年下降趋势，于 2008 年达到低谷，但在 2008～2012 年专利申请量又呈现平稳上升趋势，并一直是美国、日本、韩国、中国四国中申请专利最多的国家；韩国、美国及中国也均于 2004 年开始申请染料

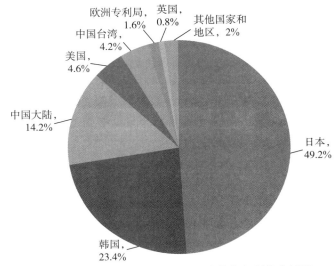

图 5-36　全球染料敏化太阳能电池技术专利分布情况

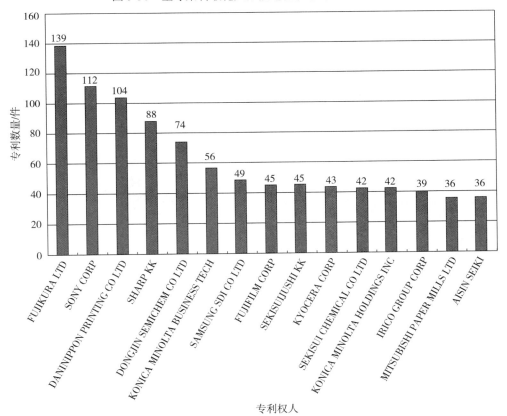

图 5-37　全球染料敏化太阳能电池技术前 15 名专利权人

敏化太阳能电池技术专利，中国与韩国分别在 2008 年和 2009 年专利申请量出现快速增长势头，一直持续到 2012 年；和其他三国相比，美国在染敏太阳能电池技术的专利申请数量上一直都相对较少。

从图 5-36 和 5-37 可以看出，截至 2013 年，全球染料敏化太阳能电池技术专利主要分布在日本、韩国、中国大陆、美国、中国台湾等国家和地区，其中日本是全球申请染料敏化太阳能电池技术专利最多的国家，约占全球专利申请量的 49.2%，韩国约占全球的 23.4%，中国大陆约占全球的 14.2%。从图 5-37 可以看出，全球前 15 名染料敏化太阳能电池技术专利申请者主要是一些日本公司（FUJIKURA LTD、SONY CORP、DAINIPPON PRINTING CO LTD、SHARP KK 等）、韩国公司（SAMSUNG SDI CO LTD 等）、中国公司（IRICO GROUP CORP），其他国家的公司较少。

为了了解全球染料敏化太阳能电池技术主题分布情况，本章将检索到的 4 124 件染料敏化太阳能电池技术专利，利用 Thomson Innovation 专利地图分析功能生成专利地图，结果如图 5-38 所示。截至 2013 年，全球染料敏化太阳能电池技术的技术主题名称如表 5-5 所示。

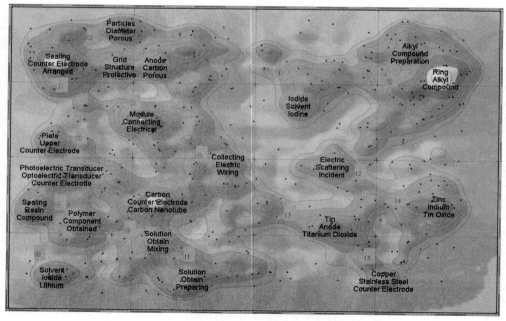

图 5-38　全球染料敏化太阳能电池技术专利地图

表 5-5　全球染料敏化太阳能电池技术的技术主题名称

序号	关键词（英文）	关键词（中文）
1	sealing, counter electrode, arranged, conversion element, connected, resin, glass, filled, electrolyte solution	密封、反电极、布置、转换元件、连接、树脂、玻璃、填充、电解质溶液
2	diameter, porous, support, structure, counter electrode, ratio, electric power, arranged	直径、多孔性、支持、结构、反电极、比率、电力、布置
3	porous structure, electric power, anode, arranged, counter electrode, connecting process, cell module	多孔的结构、电力、负极、配置、相对电极、连接的过程中、电池模块
4	liquid, solvent, Ionic liquid, Iodide, longel, lithium, Iodine, compound	液体、溶剂、负离子液、碘化、离子凝胶、锂、碘、复合
5	alkyl, compound, aryl, substituted ring acid, heterocyclic, preparation, aromatic, alkoxy	烷基、化合物、芳基、取代的环酸基、杂环、制剂、芳族、烷氧基
6	cell module, electric power, connecting, arranged, power generation process, counter electrode, structure, electroconductive	电池模块、电力、连接、配置、发电过程中、计数器、结构、导电
7	plate, counter electric, fixed, arranged, power generation, structure coating	板块方面、电子计数器、固定、排列、发电、结构、涂装
8	sealing resin, compound, adhesive, preferred components, methacrylate, hydrogenated, structure filler, copolymer	密封树脂、化合物、黏合剂、优选的组分、甲基丙烯酸酯、氢化、结构填料、共聚物
9	polymer, preferred component, organic, solvent, process, compound, obtained particles, polymerization	聚合物中、优选的组分、有机溶剂、过程、化合物、得到的颗粒、聚合
10	solvent, polymer, lithium, Iodide, carbonate, ethylene, potassium, organic	溶剂、聚合物、锂、碘化、碳酸酯、乙烯、氢、有机
11	electrolyte, obtained preparation, mixing, adding, water, acid, temperature	电解质、获得制剂、混合、添加、水、酸、温度
12	electric power, absorption, incident, scattering, organic, compound, arranged, structure, power generation	电力、吸收、事件发生后、散射、有机、复合、布置、结构、发电
13	tin oxide/tin, zinc, dioxide/titanium dioxide, indium tin, anode, process, structure, quantum dot, preferred component	氧化锡/锡、锌、氧化钛/二氧化钛、氧化铟锡、阳极、工艺、结构、量子点、优选的组分
14	zinc, tin oxide, indium tin, magnesium, gallium, copper, preferred component, carbonate	锌、氧化锡、氧化铟锡、镁、镓、铜、优选的组分、碳酸
15	stainless steel, copper, carbonate, alloy, electrolyte solution, electroconduction, electric power, silver, sulfur, boron	不锈钢、铜、碳酸盐、合金、电解质溶液、电力、银、硫、硼

3. 主要国家染料敏化太阳能光伏技术专利分布地图分析

为了了解和分析美国、日本、韩国和中国的染料敏化太阳能电池光伏技术在全球染料敏化太阳能电池光伏技术专利地图中的分布情况，本章利用优先权国家/地区字段，在已生成的全球染料敏化太阳能电池光伏技术专利地图中进行二次检索（检索词分别为 US、JP、KR、CN），分别在已生成的专利地图中显示美国专利分布、日本专利分布、韩国专利分布、中国专利分布，结果分别如图 5-39 ~ 图 5-42 所示。

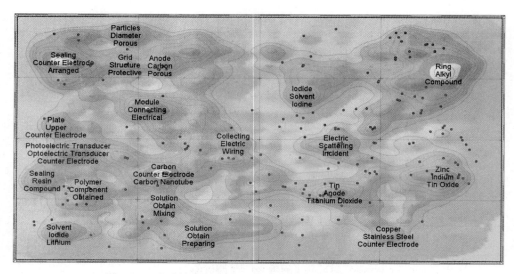

图 5-39　全球染料敏化太阳能电池技术专利地图——美国

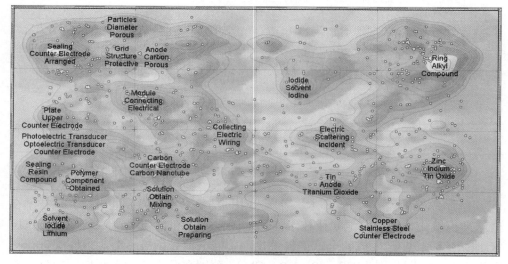

图 5-40　全球染料敏化太阳能电池技术专利地图——韩国

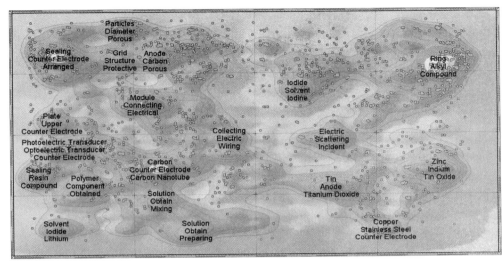

图 5-41　全球染料敏化太阳能电池技术专利地图——日本

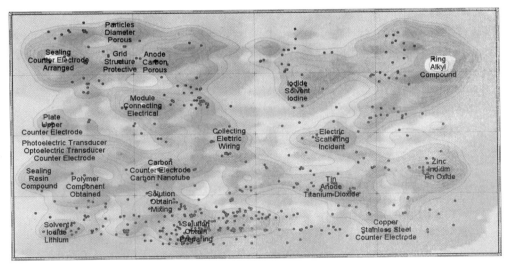

图 5-42　全球染料敏化太阳能电池技术专利地图——中国

从图 5-39 可以看出，美国在染料敏化太阳能电池光伏技术领域中专利数量较少，且专利主要分布在 "alkyl，compound，aryl，substituted，alkoxy"（烷基、化合物、芳基、取代的环酸基、烷氧基）、"zinc，tin oxide，indium tin oxide，process，structure，quantum dot"（锌、氧化锡、氧化铟锡、工艺、结构、量子点）等技术领域；在全球染料敏化太阳能电池光伏技术领域中存在着大量的技术空白点，如"porous，structure，counter electrode，adhesive"（多孔的结构、相对电极、黏合剂）等领域。

从图 5-40 可以看出，与美国相比，韩国在染料敏化太阳能电池光伏技术领域中专利数量相对较多，专利主要分布在"alkyl, compound, aryl, substituted, alkoxy"（烷基、化合物、芳基、取代的环酸基、烷氧基），"zinc, tin oxide, indium tin, sealing, conversion element, electrolyte solution"（锌、氧化锡、氧化铟锡、密封、转换元件、电解质溶液）等技术领域；在全球染料敏化太阳能电池光伏技术领域中也存在着大量的技术空白点，如"sealing, resin, compound, adhesive, counter electrode"（密封树脂、化合物、黏合剂、相对电极）等领域。

从图 5-41 可以看出，日本在全球染料敏化太阳能电池技术不同领域中拥有大量的专利，但依然还存在着技术空白点，如"zinc, tin oxide, indium tin oxide, obtained preparation, solvent, polymer"（锌、氧化锡、氧化铟锡、获得制剂、溶剂、聚合物）等领域。

从图 5-42 可以看出，中国专利主要分布在"zinc, tin oxide, indium tin oxide, conversion element, titanium dioxide, electrolyte, obtained, preparing"（锌、氧化锡、氧化铟锡、转换元件、二氧化钛、电解质、获得制剂）等技术领域；在全球染料敏化太阳能电池光伏技术领域中也存在着大量的技术空白点，如"alkyl, compound, aryl, substituted alkoxy, sealing resin, adhesive, counter electrode"（烷基、化合物、芳基、取代烷氧基、密封树脂、黏合剂、相对电极）等领域。

根据图 5-39～图 5-42 可知，目前染料敏化太阳能电池光伏技术领域还是一个新兴光伏技术领域，尚未有哪个国家在这一技术领域拥有比较完备的技术体系和大量专利的布局，不同国家在这一技术领域各自拥有不同的专利，并且还存在着技术空白点。

4. 主要国家在中国申请的染料敏化太阳能光伏技术专利分析

为了分析其他国家在中国关于染料敏化太阳能电池技术的专利布局情况，本章在已检索到的 4 124 件染敏专利中进行二次检索。首先，检索公开国号为 CN 的专利，共检索到 996 件专利；其次，将这 996 件专利利用 Thomson Innovation 专利地图分析功能生成专利地图；最后，在生成的专利地图中检索优先权国为 US、JP、KR 的专利，并在专利地图中显示，结果如图 5-43 所示。同时，对已检索到的 996 件专利进行专利权人分析和国外专利与中国专利统计对比分析，结果分别如图 5-44 和图 5-45 所示。

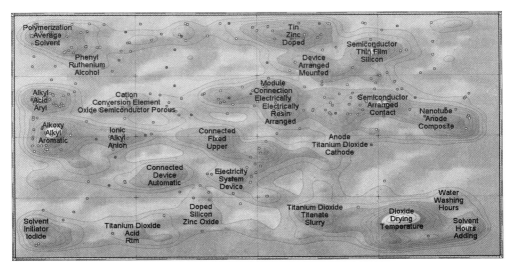

图 5-43　其他国家在中国申请染料敏化太阳能电池技术专利的专利地图

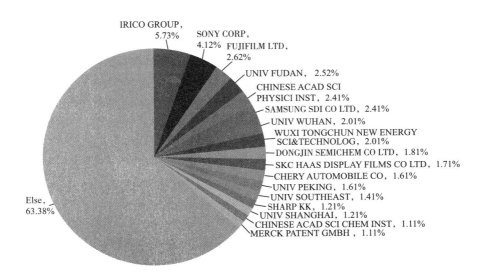

图 5-44　公开号为 CN 的染料敏化太阳能电池技术专利权人分布图

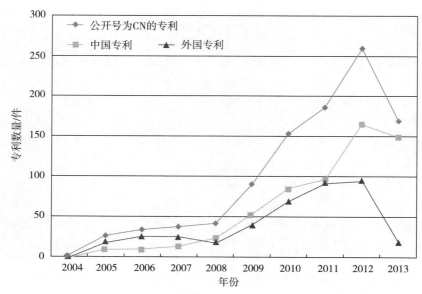

图 5-45　公开号为 CN 的中国专利和外国专利对比情况

从图 5-43 可以看出，美国、日本、韩国都已在中国申请专利，日本和韩国相对较多，且专利主要分布在"alkyl，substituted alkoxy，aryl，halo，oxide semiconductor"（烷基、取代的烷氧基、芳基、卤素、氧化物半导体）、"module connecting，titanium dioxide，electrically arranged，resin"（模块连接、二氧化钛、电力装置、树脂）等领域，而这些技术领域也正是中国染料敏化太阳能电池技术的空白领域。

从图 5-44 可以看出，一些日本公司已在中国申请大量专利，如 SONY CORP 和 FUJIKURA LTD，分别占到全部专利权人申请专利数量的 4.12% 和 2.62%；韩国的 SAMSUNG SDI CO LTD 也占到了 2.41%。

从图 5-45 可以看出，在中国公开的 996 件染料敏化太阳能电池技术专利中有 402 件是外国专利，中国专利有 594 件；并且在 2008 年之前，国外企业和个人在中国的年专利申请量都大于中国企业和个人的年专利申请量。

图 5-43 ～图 5-45 表明，国外一些企业已经开始在我国进行染料敏化太阳能电池技术专利布局，申请了大量的专利，成为中国染料敏化太阳能电池技术专利的重要持有者，并且一些专利是集中在我国染料敏化太阳能电池技术的空白领域，这将对我国企业在染料敏化太阳能电池技术领域的自主创新产生严重干扰。我国企业必须对此予以高度警惕。

5. 主要国家染料敏化太阳能光伏技术专利权人及合作分析

在上面几节对全球及美国、日本、韩国、中国染料敏化太阳能电池技术的专利地图进行分析之后，本节对染料敏化太阳能电池技术的专利具体持有者（即专利权人）及其合作网络进行分析，揭示染料敏化太阳能电池技术专利权人的合作关系。本节主要分析美国、日本、韩国和中国的染料敏化太阳能电池技术专利权人及其合作网络，具体分析步骤如下：首先，在已检索到的 4 124 件染敏专利中进行二次检索，分别检索出优先权国为 US、JP、KR 和 CN 的专利，分别检索出 195 件、2 027 件、971 件和 593 件专利；其次，分别将这些专利数据从 Thomson Innovation 中导出，并导入 TDA 中；再次，将导入 TDA 的专利数据进行专利权人数据清洗（包括对专利权人的合并、拆分等），选择清洗后的前100 名专利权人数据（由于这四个国家申请染料敏化太阳能电池技术专利的专利权人较多，同时为了使合作网络图能清晰显示，本节只选择了专利申请量前 100名的专利权人来分析专利合作情况）生成专利权人合作矩阵，并统计出专利权人比例图；最后，将生成的专利权人合作矩阵导入 Ucinet 中，生成合作网络图，并删除合作网络图中孤立的点（专利权人），同时计算出合作网络图中的程度中心度。分析结果分别如图 5-46、图 5-47、表 5-6、图 5-48、图 5-49、表 5-7、图5-50、图 5-51、表 5-8、图 5-52、图 5-53、表 5-9 所示。在合作网络图中，点代表专利权人，点的大小代表此专利权人与其他专利权人之间的合作次数，点代表的专利权人名称在点的右侧显示，两点之间的连线代表这两个专利权人有合作关系，连线的粗细代表这两个专利权人合作的密切程度。在专利权人合作网络的程度中心度表中，程度中心度的数值代表专利权人的重要程度，数值越大说明在合作网络中越重要。

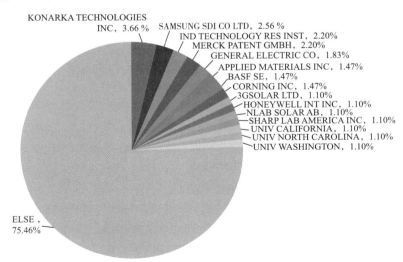

图 5-46　美国染料敏化太阳能电池技术专利权人分布情况

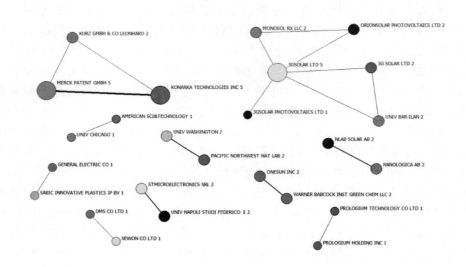

图 5-47　美国染料敏化太阳能电池技术专利权人合作网络图

表 5-6　美国染料敏化太阳能电池技术专利权人合作网络的程度中心度

序号	专利权人（机构）	程度中心度	标准化程度中心度
1	KONARKA TECHNOLOGIES INC	5	1.263
2	3G SOLAR LTD	5	1.263
3	MERCK PATENT GMBH	5	1.263
4	STMICROELECTRONICS SRL	2	0.505
5	UNIV NAPOLI STUDI FEDERICO II	2	0.505
6	PACIFIC NORTHWEST NAT LAB	2	0.505
7	3G SOLAR LTD	2	0.505
8	MONOSOL RX LLC	2	0.505
9	UNIV WASHINGTON	2	0.505
10	NANOLOGICA AB	2	0.505

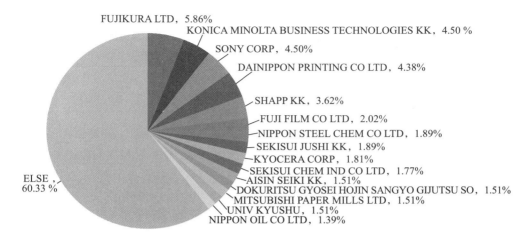

图 5-48　日本染料敏化太阳能电池技术专利权人分布情况

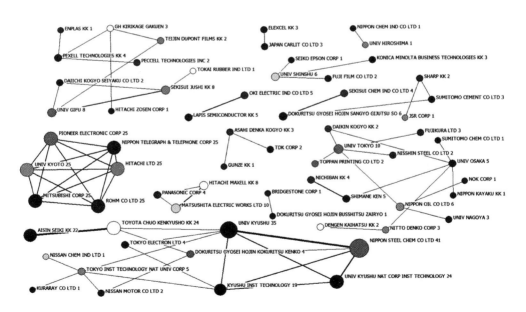

图 5-49　日本染料敏化太阳能电池技术专利权人合作网络图

表 5-7　日本染料敏化太阳能电池技术专利权人合作网络的程度中心度

序号	专利权人（机构）	程度中心度	标准化程度中心度
1	NIPPON STEEL CHEM CO LTD	41	1.882
2	UNIV KYUSHU	35	1.607
3	MITSUBISHI CORP	25	1.148
4	ROHM CO LTD	25	1.148
5	PIONEER ELECTRONIC CORP	25	1.148
6	NIPPON TELEGRAPH & TELEPHONE	25	1.148
7	HITACHI LTD	25	1.148
8	UNIV KYOTO	25	1.148
9	TOYOTA CHUO KENKYUSHO KK	24	1.102
10	UNIV KYUSHU NAT CORP INST TECHNOLOGY	24	1.102

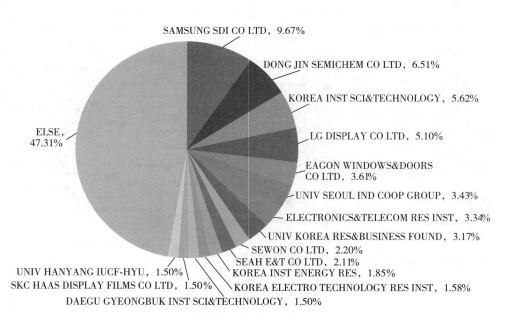

图 5-50　韩国染料敏化太阳能电池技术专利权人分布情况

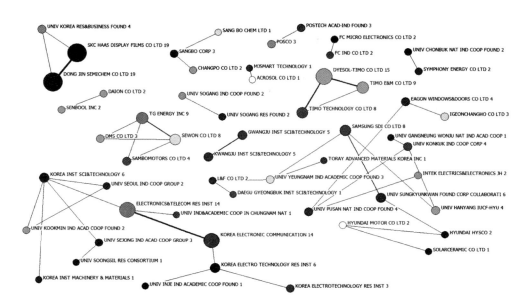

图 5-51　韩国染料敏化太阳能电池技术专利权人合作网络图

表 5-8　韩国染料敏化太阳能电池技术专利权人合作网络的程度中心度

序号	专利权人（机构）	程度中心度	标准化程度中心度
1	SKC HAAS DISPLAY FILMS CO LTD	19	1.215
2	DONG JIN SEMICHEM CO LTD	19	1.215
3	DYESOL–TIMO CO LTD	15	0.959
4	KOREA ELECTRONIC COMMUNICATION	14	0.895
5	ELECTRONICS&TELECOM RES INST	14	0.895
6	TG ENERGY INC	9	0.575
7	TIMO E&M CO LTD	9	0.575
8	TIMO TECHNOLOGY CO LTD	8	0.512
9	SAMSUNG SDI CO LTD	8	0.512
10	SEWON CO LTD	8	0.512

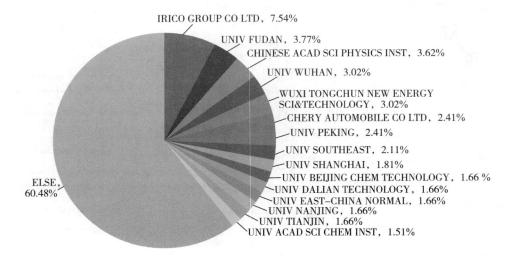

图 5-52　中国染料敏化太阳能电池技术专利权人分布情况

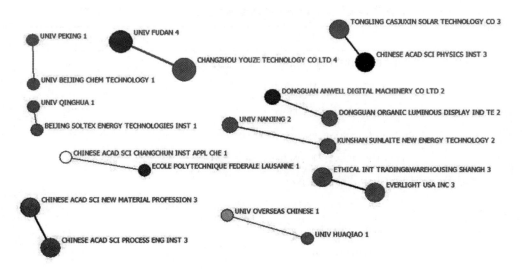

图 5-53　中国染料敏化太阳能电池技术专利权人合作网络图

表 5-9 中国染料敏化太阳能电池技术专利权人合作网络的程度中心度

序号	国家	程度中心度	标准化程度中心度
1	CHANGZHOU YOUZE TECHNOLOGY CO LTD	4	0.860
2	UNIV FUDAN	4	0.860
3	TONGLING CASJUXIN SOLAR TECHNOLOGY CO	3	0.645
4	ETHICAL INT TRADING&WAREHOUSING SHANGH	3	0.645
5	CHINESE ACAD SCI PROCESS ENG INST	3	0.645
6	CHINESE ACAD SCI PHYSICS INST	3	0.645
7	CHINESE ACAD SCI NEW MATERIAL PROFESSION	3	0.645
8	EVERLIGHT USA INC	3	0.645
9	KUNSHAN SUNLAITE NEW ENERGY TECHNOLOGY	2	0.430
10	UNIV NANJING	2	0.430

从图 5-46 可以看出，美国的染料敏化太阳能电池技术专利主要申请者是美国的一些企业（如 KONARKA TECHNOLOGIES INC，GENERAL ELECTRIC CO 等）、科研机构（如 PACIFIC NORTHWEST NAT LAB）和大学（如 UNIV WASHINGTON）等，并且也有一些外国的企业和研究机构，如韩国的 SAMSUNG SDI CO LTD、中国台湾的 IND TECHNOLOGY RES INST、德国的 MERCK PATENT GMBH 和以色列的 3GSOLAR LTD 等。

从图 5-47 可以看出，在美国染料敏化太阳能电池技术专利权人合作网络中，与其他企业、研究机构和大学合作申请专利最多的专利权人是 KONARKA TECHNOLOGIES INC、MERCK PATENT GMBH 和 3G SOLAR LTD，其中 KONARKA TECHNOLOGIES INC 与 MERCK PATENT GMBH 合作最为密切；并且其中有企业与大学之间的合作（如 3G SOLAR LTD 与 UNIV BAR-ILAN）以及大学与科研机构（如 UNIV WASHINGTON 与 PACIFIC NORTHWEST NAT LAB）之间的合作。

从图 5-48 可以看出，日本的染料敏化太阳能电池技术专利主要申请者是 FUJIKURA LTD、KONICA MINOLTA BUSINESS TECHNOLOGIES KK、SONY CORP、DAINIPPON PRINTING CO LTD 和 SHARP KK 等企业，分别占到全部专利的 5.86%、4.50%、4.50%、4.38%和 3.62%。

从图 5-49 可以看出，在日本染料敏化太阳能电池技术专利权人合作网络中，与其他企业、研究机构和大学合作申请专利最多的专利权人是 NIPPON STEEL CHEM CO LTD，而且 NIPPON STEEL CHEM CO LTD 与 UNIV KYUSHU 合作也最为密切；在合作网络中，存在着大量的有企业与大学之间的合作（如

MITSUBISHI CORP 与 UNIV KYOTO）、企业与企业（如 AISIN SEIKI KK 与 TOYOTA CHUO KENKYUSHO KK）之间的合作，并且形成了以 UNIV KYUSHU、UNIV KYOTO 和 UNIV OSAKA 为中心的大学、科研机构和企业的专利合作网络群。这些说明日本机构在染料敏化太阳能电池技术领域的合作研发非常活跃。

　　从图 5-50 可以看出，韩国的染料敏化太阳能电池技术专利主要申请者是 SAMSUNG SDI CO LTD、DONG JIN SEMICHEM CO LTD、KOREA INST SCI&TECHNOLOGY 和 LG DISPLAY CO LTD 等企业和大学，分别占到全部专利的 9.67%、6.51%、5.62% 和 5.10%。

　　从图 5-51 可以看出，在韩国染料敏化太阳能电池技术专利权人合作网络中，与其他企业、研究机构和大学合作申请专利最多的专利权人是 SKC HAAS DISPLAY FILMS CO LTD 和 DONG JIN SEMICHEM CO LTD，而且它们之间合作也最为密切，并与 UNIV KOREA RES&BUSINESS FOUND 形成了合作子网络；在合作网络中，也存在着大量的大学与科研机构之间的合作（如 KOREA INST SCI&TECHNOLOGY 与 ELECTRONICS&TELECOM RES INST）、企业与大学之间的合作（如 SAMSUNG SDI CO LTD 与 UNIV YEUNGNAM IND ACADEMIC COOP FOUND）、企业与产学研合作基金会（如 SAMSUNG SDI CO LTD 与 UNIV HANYANG IUCF-HYU）、企业与企业（如 SKC HAAS DISPLAY FILMS CO LTD 和 DONG JIN SEMICHEM CO LTD）之间的合作，并且形成了以 KOREA INST SCI&TECHNOLOGY、UNIV KOREA RES&BUSINESS FOUND 和 UNIV YEUNGNAM IND ACADEMIC COOP FOUND 为中心的大学、科研机构和企业的专利合作网络群。这些说明韩国机构在染料敏化太阳能电池技术领域的合作研发比较活跃。

　　从图 5-52 可以看出，中国的染料敏化太阳能电池技术专利主要申请者是 IRICO GROUP CO LTD、UNIV FUDAN、CHINESE ACAD SCI PHYSICS INST 和 UNIV WUHAN 等企业和大学，分别占到全部专利的 7.54%，3.77%，3.62% 和 3.02%；并可以看出，专利权人大部分都是大学和科研院所，企业相对较少（在前 15 名专利权人中，只有三家企业，仅占 12.97%，而美国、日本、韩国 80% 以上是企业）。

　　从图 5-53 可以看出，中国机构在染料敏化太阳能电池技术领域中只有少数的大学与大学［如北京大学（UNIV PEKING）与北京化工大学（UNIV BEIJING CHEM TECHNOLOGY）］、企业与大学［如南京大学（UNIV NANJING）与昆山桑莱特新能源科技有限公司（KUNSHAN SUNLAITE NEW ENERGY TECHNOLOGY）］合作申请专利，企业与企业合作较少，尚未形成专利合作网络群（合作网络节点大于或等于 3）；其中合作较为密切的是复旦大学（UNIV FUDAN）与常州有则科技有限公司（CHANGZHOU YOUZE TECHNOLOGY CO LTD），中国科学院等离子体物理研究所（CHINESE ACAD SCI PHYSICS INST）与安徽铜陵中科聚鑫太阳能科技有限责任公司（TONGLING CASJUXIN SOLAR TECHNOLOGY CO）。而在这些企业与大学和科研机构的合作关系中，有政府在中间起的作用，如常州有则科技有限公司依托江苏省超导磁场太阳能硅材料直拉制造工程技术研究中心，与复旦大学建立产学研合作关系；安徽铜陵中科聚鑫太阳能科技有限责任公司与中国科学院等离子体物理研究所合作，承担国家 863 计划，是国家重点扶持的新能源环保科研公司。昆山桑莱特新能源科技有限公司是昆山国家高新技术产业开发区与南京大学共同组建的新能源产业公司，公司依托南京大学环境材料与再生能源研究中心，致力于新型高效功能材料及其器件的研发、生产和销售。这些说明中国机构在染料敏化太阳能电池技术领域合作研发相对较少。

5.2.3　太阳能光伏技术专利地图结果分析

5.2.1 节和 5.2.2 节以德温特专利数据库中的太阳能电池技术专利数据为基础，分析了全球太阳能电池技术的整体专利态势，并对染料敏化太阳能电池技术专利进行了有针对性的重点深入分析，以期客观展现全球太阳能电池技术的专利布局现状，为我国太阳能电池技术领域的研发决策提供数据支持。通过前面两节的分析，可以得出以下结论。

（1）自 2000 年以后，全球太阳能电池技术专利申请量开始急剧增长。截至 2013 年，日本是全球申请太阳能电池技术专利年申请量和累计申请量最多的国家，累计专利申请量约占全球太阳能电池技术专利申请的 32.71%；而中国大陆太阳能电池技术专利申请是在 2007 年以后才逐渐增多，并在 2010 年超过美国、德国，成为全球太阳能电池技术专利年申请量第二的地区，截至 2013 年，其专利申请量约占全球的 12.03%。虽然中国近几年太阳能电池技术专利申请量增速较快，但从技术专利布局上来看，中国在硅基太阳能电池技术和化合物半导体太阳能电池技术领域与美国、日本差距较大，美国、日本在这两个技术领域已拥有大量的核心专利和比较完备的技术体系，并且早已在这两个技术领域进行了大量专利布局。

（2）自 2005 年以后，全球太阳能电池技术领域中涌现出大量的有机太阳能电池技术专利，其中染料敏化太阳能电池技术专利最多。这表明全球太阳能电池技术领域中出现了新兴太阳能电池技术——有机太阳能电池技术，其以染料敏化太阳能电池技术为代表，且近几年发展较为迅速。

（3）目前，染料敏化太阳能电池技术还是一个新兴光伏技术领域，尚未有哪个国家在这一技术领域拥有比较完备的技术体系和大量专利的布局，不同国家在这一技术领域各自拥有不同的专利，并且还存在着技术空白点。但国外一些企业已经开始在中国染料敏化太阳能电池技术领域大量申请专利，成为中国染料敏化太阳能电池技术专利的重要持有者，并且一些专利集中在中国染料敏化太阳能电池技术的空白领域，这将对中国企业在染料敏化太阳能电池技术领域的自主创新产生严重干扰。中国企业必须对此予以高度警惕。

（4）目前，美国、日本、韩国的染料敏化太阳能电池技术研发多以大型企业为主体，产学研合作较为活跃且联系紧密。相对来说，中国在染料敏化太阳能电池技术领域的研发主体主要以高校和科研机构为主，企业在推动染料敏化太阳能电池技术产业化方面虽然比较积极，也已申请一定量的专利，但申请人多为研发力量较为薄弱的中小企业（small and medium-sized enterprises），这也造成了中国国内染料敏化太阳能电池技术专利申请比较分散且相互间缺乏合作关系的情况，使得染料敏化太阳能电池技术产业化发展存在一定的潜在风险。

第 6 章　OLED 显示产业研发竞争态势分析

电子信息产业是国民经济的战略性、基础性和先导性支柱产业，对于拉动经济增长、促进产业升级、转变发展方式和维护国家安全具有重要作用。显示产业作为电子信息产业的重要组成部分，具有明显的拉动效应，目前最具有发展潜力的是 OLED 显示产业。OLED 显示产业是我国战略性新兴产业中的重点发展方向，OLED 产业的发展对提升我国显示产业发展水平具有重要战略意义。本章利用基于文献计量和专利分析的战略性新兴产业研发竞争态势分析框架，对全球 OLED 显示产业的 OLED 技术研发态势和我国在全球 OLED 技术领域中的研发现状进行分析，以期为我国 OLED 技术研发和产业发展决策提供支持。

6.1　基于文献计量的 OLED 技术可视化分析

目前，OLED 技术是全球研发的热点技术。为了解我国在 OLED 技术方面的基础研究情况，本节利用文献计量的方法，从论文数量、研究机构共现、研究热点、国际合作等方面来研究我国在 OLED 技术方面的基础研究情况。

6.1.1　数据来源

本节以 "（organic* light-emitting* diode*）or（organic* electroluminescence* display*）or（organic* light-emitting* devices*）or oled or oleds or pleds or pled or（organic* light* emitting* diode*）or（organic* light* emitting* devices*）or（organic* light-emitting* display*）or（organic* light* emitting* display*）" 为主题检索词，在 Web of Science 中的 SCI-EXPANDED 数据库中进行检索，检索年限为 1980～2013 年，文献类型为 Article、Proceedings paper、Letter 和 Review 四种，共检索出 18 666 篇关于 OLED 技术研究的 SCI 论文；最后以时间序列的形式统计出每年的论文数量（图 6-1）。

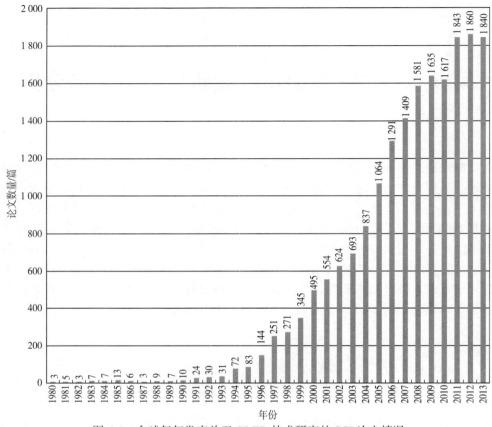

图 6-1　全球每年发表关于 OLED 技术研究的 SCI 论文情况

6.1.2　论文数量分析

为了分析检索出来的 18 666 篇关于 OLED 技术研究的 SCI 论文，本节将这 18 666 篇论文导入 TDA 软件中，并对导入的文献数据进行清洗，之后生成技术报告。技术报告中显示的全球每年从事 OLED 基础研究的人员情况如图 6-2 所示，全球每年 OLED 技术的研究方向情况如图 6-3 所示，全球关于 OLED 技术研究的 SCI 论文国家和地区分布情况如图 6-4 所示，全球不同国家和地区累计发表关于 OLED 技术研究的 SCI 论文分布情况如图 6-5 所示。

从图 6-2 可以看出，自 2004 年以后，每年有许多新的研究者从事 OLED 基础研究工作。另外，从图 6-3 可以看出，也是自 2004 年以后，OLED 技术领域内出现了大量的新的研究方向。这些表明近十多年关于 OLED 技术的基础研究非常活跃。

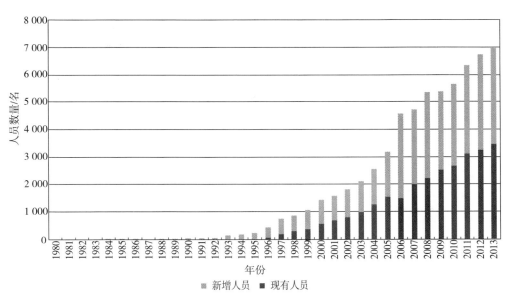

图 6-2 全球每年从事 OLED 基础研究的人员情况

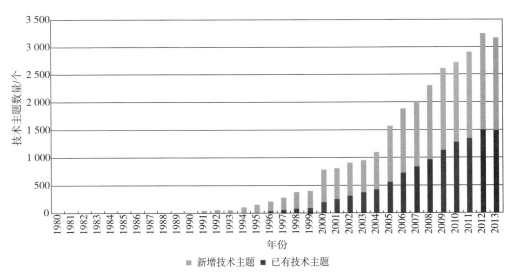

图 6-3 全球每年 OLED 技术的研究方向情况

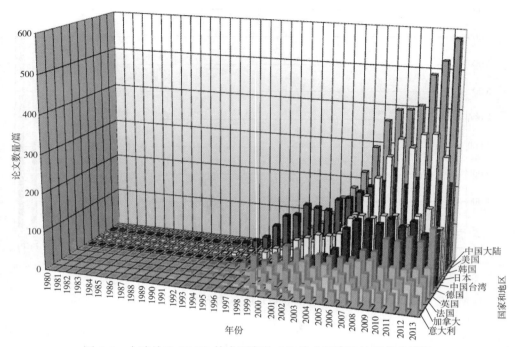

图 6-4　全球关于 OLED 技术研究的 SCI 论文国家和地区分布情况

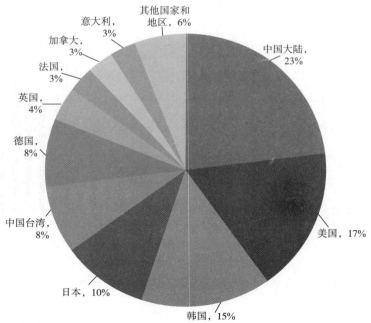

图 6-5　全球不同国家和地区累计发表关于 OLED 技术研究的 SCI 论文分布情况

从图 6-4 可以看出，中国大陆关于 OLED 技术的 SCI 论文是自 1995 年左右开始出现，稍晚于美国和日本，但与其他国家几乎同步；并自 2004 年以后，年发表论文数量已超过美国、日本和韩国等发达国家，成为 SCI 论文年发表数量最多的地区；而且从图 6-5 可以看出，中国大陆目前是累计发表 OLED 技术 SCI 论文数量最多的地区，约占全球的 23%。从图 6-6 可以看出，目前在全球范围内发表关于 OLED 技术研究的 SCI 论文前 10 名机构中，中国大陆占据三席，分别是中国科学院（Chinese Acad Sci）、吉林大学（Jilin Univ）和华南理工大学（S China Univ Technol），并且中国科学院是全球发表 OLED 技术 SCI 论文最多的机构。这些表明中国在全球 OLED 技术基础研究领域非常活跃，而且已具有很强的研究实力。

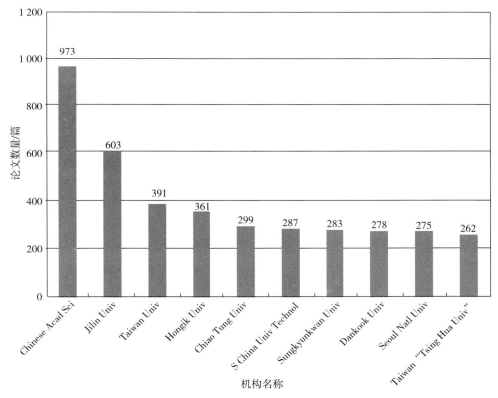

图 6-6　全球发表关于 OLED 技术研究的 SCI 论文前 10 名的机构

6.1.3　研究机构合作共现分析

为了解全球有哪些大学和研究机构在从事 OLED 技术的基础研究工作，以及我国从事 OLED 技术基础研究的大学和研究机构的国际合作情况，需要对全球 OLED

技术的机构合作研究网络进行分析。为此，本节以 OLED 技术的 18 666 篇 SCI 论文为研究对象，利用 Ucinet 软件来可视化分析 OLED 技术的机构合作研究网络。具体步骤如下：首先，将检索出的 18 666 篇论文导入 TDA 中，并对导入的文献作者的机构进行清洗。其次，将清洗后的作者研究机构（由于全球研究 OLED 技术的研究机构较多，本书只选取前 100 个发表论文最多的机构，以便在合作网络中能清晰显示）生成机构合作矩阵，并将机构合作矩阵导入 Excel 中。最后，将 Excel 中的合作矩阵转换为 DL 格式的文件，按照 data→import text file→DL 的程序导入 Ucinet 软件中；再使用 Ucinet 软件中的 Netdraw 工具生成机构合作网络图，结果如图 6-7 所示。全球 OLED 技术研究机构合作研究网络的程度中心度如表 6-1 所示。

表 6-1　全球 OLED 技术研究机构合作研究网络的程度中心度

序号	专利权人（机构）	程度中心度	标准化程度中心度
1	Chinese Acad Sci	502	4.033
2	Taiwan Univ	255	2.049
3	Taiwan "Tsing Hua Univ"	244	1.960
4	Jilin Univ	231	1.856
5	Acad Sinica	223	1.792
6	Sungk yunkwan Univ	196	1.575
7	Hongik Univ	190	1.527
8	Chiao Tung Univ	184	1.478
9	City Univ Hong Kong	158	1.269
10	Seoul Natl Univ	145	1.165
11	Hong Kong Baptist Univ	128	1.028
12	Korea Adv Inst Sci & Technol	124	0.996
13	S China Univ Technol	122	0.980
14	Korea Inst Sci & Technol	115	0.924
15	Hong Kong Univ Sci & Technol	107	0.860
16	Ind Technol Res Inst	105	0.844
17	Dan kook Univ	103	0.828
18	PRINCETON UNIV	102	0.820
19	Wuhan Univ	98	0.787
20	Fudan Univ	97	0.779

在图 6-7 中，节点代表研究机构，研究机构的名称在节点右侧显示。节点的大小表示该研究机构与其他所有研究机构合作共现的总次数；节点之间的连线表示两个研究机构间的合作关系，连线的数量表示与该研究机构合作过的其他国家的数量，连线的粗细表示连线两端的研究机构的合作次数。

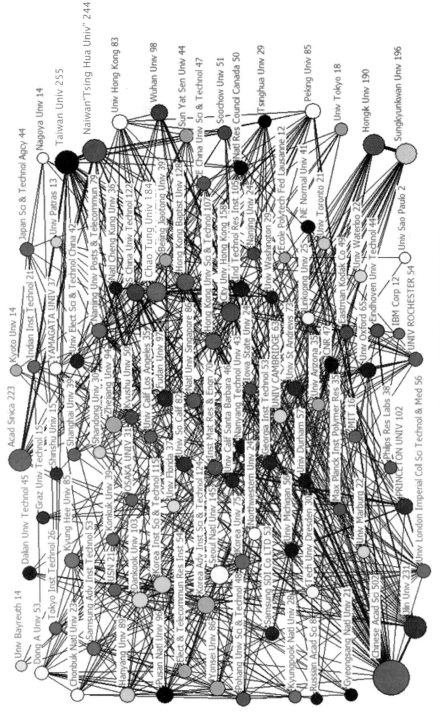

图6-7　全球OLED技术研究机构合作研究网络图

从图 6-7 可以看出，节点比较大的机构是 "Chinese Acad Sci"（中国科学院）、"Taiwan Univ"（台湾大学）、"Taiwan Tsing Hua Univ"（台湾"清华大学"）、"Jilin Univ"（吉林大学），表明这四所机构与其他机构合作的次数较多，分别合作 502 次、255 次、244 次、231 次，同时也表明这四所机构处于 OLED 技术基础研究的国际前沿。同时，从图 6-6 和图 6-7 中可以看出，目前中国科学院（Chinese Acad Sci）是全球发表 OLED 技术 SCI 论文最多、与国际著名大学和研究机构合作次数最多的机构。在图 6-7 中，中国大陆机构除中国科学院以外，还有 "Tsinghua Univ"（清华大学）、"S China Univ Technol"（华南理工大学）、"Wuhan Univ"（武汉大学）、"Fudan Univ"（复旦大学）等机构，表明这些机构也对 OLED 技术进行了大量的国际合作研究。

6.1.4　研究热点分析

词频分析是图书馆、情报与文献学常用的研究方法之一，该方法主要以词频的高低来揭示科学研究中各研究主题的受关注程度。这里的"词"是指能够表征文献主题特征的关键词，而不包含泛指的词，也不包含无实际意义的助词等。一般而言，词频越高，表明这一主题词受关注程度越高；受关注程度高的关键词可代表该领域的研究热点。为了分析 OLED 技术基础研究领域中的研究热点，从全球关于 OLED 技术研究的 18 666 篇 SCI 论文中选取 2011 年至 2013 年发表的论文，共 5 543 篇，利用 TDA 对这些论文的关键词进行分析，并选取前 10 个高频关键词，结果如图 6-8 所示。这 10 个关键词代表目前全球 OLED 技术领域中的研究热点。

同时从中国关于 OLED 技术研究的 4 295 篇 SCI 论文中选取 2011 年至 2013 年发表的论文，共 1 595 篇，利用 TDA 对这些论文的关键词进行分析，并选取前 10 个高频关键词，结果如图 6-9 所示。这 10 个关键词代表目前中国 OLED 技术领域中的研究热点。

从图 6-8 和图 6-9 可以看出，中国关于 OLED 技术的研究热点与国际上关于 OLED 技术的研究热点几乎相同。

6.1.5　国家（或地区）合作分析

由于科学知识的日新月异，以及各国（或地区）研究资源的限制，国家（或地区）间的合作研究对提高各国（或地区）的科研水平和创新能力具有重要作用。为了解我国在 OLED 技术基础研究方面的国际合作研究情况，需要分析 OLED 技

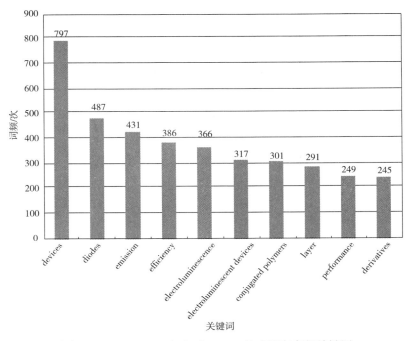

图 6-8　2011~2013 年全球 OLED 技术研究高频关键词

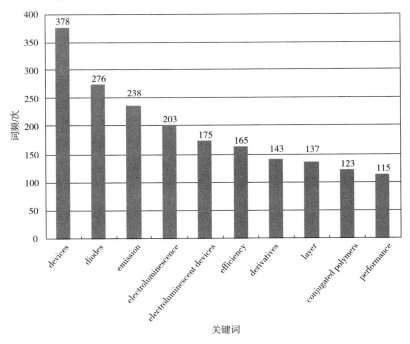

图 6-9　2011~2013 年中国 OLED 技术研究高频关键词

术国际合作研究网络。

具体步骤如下：首先，将检索出的 18 666 篇论文导入 TDA 中，生成国家（或地区）合作矩阵，并将国家（或地区）合作矩阵导入 Excel 中。其次，将 Excel 中的国家（或地区）合作矩阵数据转换为 DL 格式的文件，按照 data→import text file→DL 的程序将其导入 Ucinet 软件中；最后，使用 Ucinet 软件中的 Netdraw 工具生成国家（或地区）合作知识图谱，结果如图 6-10 所示。全球 OLED 技术国家（或地区）合作研究网络的程度中心度如表 6-2 所示。

在图 6-10 中，节点代表国家（或地区），国家（或地区）的名称在节点右侧显示。节点的大小表示该国（或地区）与其他所有国家（或地区）合作共现的总次数；节点之间的连线表示两个国家（或地区）间的合作关系，连线的数量表示与该国家（或地区）合作过的其他国家（或地区）的数量，连线的粗细表示连线两端的国家（或地区）合作次数。从图 6-10 中可以看出，节点比较大的机构是 "USA"（美国），其次是 "Chinese Mainland"（中国大陆）、"Germany"（德国）、"UK"（英国），表明这国家（或地区）与其他国家（或地区）合作的次数较多，分别合作 1 025 次、733 次、719 次、563 次。同时，也可以看出中国大陆与美国、日本、韩国、德国等国家合作较为密切；而美国、日本、韩国、德国是这些国家（或地区）中与其他国家（或地区）合作次数较多的国家。

6.1.6　文献计量结果分析

1. 中国在 OLED 技术领域中基础研究的优势

从发表的关于 OLED 的 SCI 论文数量来看，中国的年发表论文数量自 2004 年以后已超过美国、日本和韩国等发达国家，成为 SCI 论文年发表数量最多的国家；而且最近几年，中国论文发表活动频繁，论文数量远远超过其他国家，显示出强劲的发展势头。从研究机构上来看，中国科学院、吉林大学、华南理工大学、武汉大学、复旦大学、清华大学等大学和研究机构已在 OLED 技术领域中开展了大量的基础研究工作，并与国际上著名的大学和科研机构进行了密切的合作研究，并且中国科学院是目前全球发表 OLED 技术 SCI 论文最多、与国际著名大学和研究机构合作次数最多的机构。从研究热点来看，目前中国关于 OLED 技术的研究热点与国际上的研究热点几乎相同。从国际合作研究情况来看，中国在关于 OLED 技术基础研究方面也进行了很好的国际合作研究。

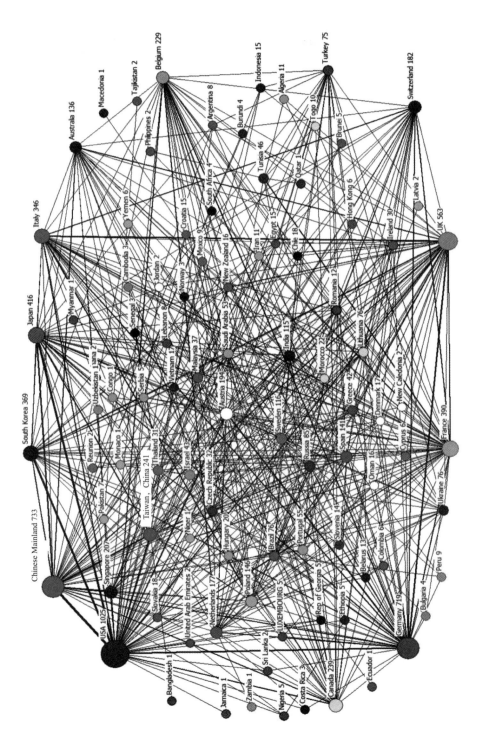

图6-10　全球OLED技术国家（或地区）合作研究网络图

表 6-2 全球 OLED 技术国家（或地区）合作研究网络的程度中心度

序号	专利权人（机构）	程度中心度	标准化程度中心度
1	美国	1 025	6.483
2	中国大陆	733	4.636
3	德国	719	4.547
4	英国	563	3.561
5	日本	416	2.631
6	法国	390	2.467
7	韩国	369	2.334
8	意大利	346	2.188
9	中国台湾	241	1.524
10	加拿大	239	1.512

这些说明中国在 OLED 技术的基础研究方面，已经具有较强的研究实力，并已达到国际先进水平；并且以中国科学院为代表的研究机构已处在国际研究前沿。这为中国发展以 OLED 技术为基础的 OLED 显示产业提供了保障。

2. 中国在 OLED 技术领域中基础研究的挑战

虽然中国关于 OLED 技术研究的 SCI 论文自 2004 年以后，年发表数量已位居全球第一，而且总论文数量也最多。但中国论文在每项平均引用次数上与美国、日本、德国和英国有较大差距。截至 2013 年，中国关于 OLED 技术研究的 SCI 论文的每项平均引用次数是 16.35 次；美国是 54.68 次；日本是 26.59 次；德国是 33.71 次；英国是 47.13 次；中国台湾是 21.82 次[①]。全球主要国家和地区 OLED 技术 SCI 论文每项平均被引频次情况如图 6-11 所示。

6.2 基于专利数据的全球 OLED 技术分析

与第 4 章的第 4.2 节一样，本节利用 Thomson Innovation 专利数据来挖掘 OLED 技术的全样本，并利用 Thomson Innovation 和 TDA 等专利地图分析工具探索 OLED 技术研发竞争态势，为我国 OLED 产业的未来发展提供决策支持。

---

① 资料来源：Web of Science 中的 SCI-EXPANDED 数据库。

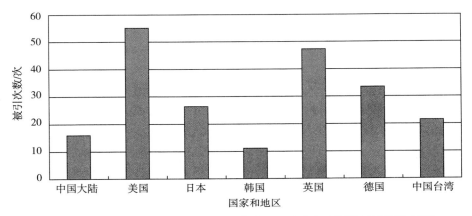

图 6-11　全球主要国家和地区 OLED 技术 SCI 论文每项平均被引频次情况

6.2.1　数据来源

以德温特专利数据库为来源数据库，利用（organic* light-emitting* diode*）or（organic* electroluminescence* display*）or（organic* light-emitting* devices*）or oled or oleds or pleds or pled or（organic* light* emitting* diode*）or（organic* light* emitting* devices*）or（organic* light-emitting* display*）or（organic* light* emitting* display*）为检索词对全球 OLED 技术进行专利检索，检索时间段设为 1976~2013 年，共检索到 21 619 件专利。

6.2.2　全球 OLED 技术专利地图分析

为了了解全球 OLED 技术专利发展趋势、分布情况、专利拥有者（专利权人）及研发布局，本节在德温特专利数据库中对已检索到的 21 619 件专利进行统计分析，提取美国、日本、中国、韩国和中国台湾专利，并对全球 OLED 技术专利国家/地区分布情况和全球前 15 名 OLED 技术专利权人等进行分析，结果分别如图 6-12~图 6-15 所示。

从图 6-12 可以看出，日本和美国相对于韩国、中国大陆和中国台湾来说早在 20 世纪 80 年代已经拥有 OLED 技术专利，而韩国、中国大陆和中国台湾在 2000 年以后，OLED 技术专利才快速增多，特别是韩国。韩国 OLED 技术专利在 2004 年之后急剧增加，并在 2005 年之后专利年申请量超过美国、日本、中国大陆和中

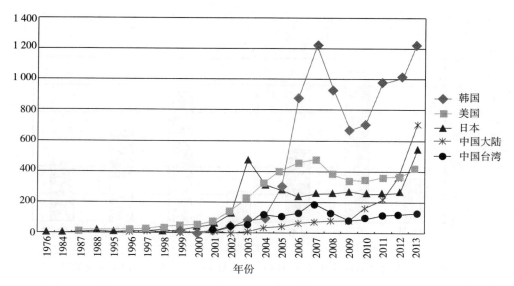

图 6-12 1976～2013 年美国、日本、韩国、中国大陆、中国台湾 OLED 技术专利情况

专利数量/件

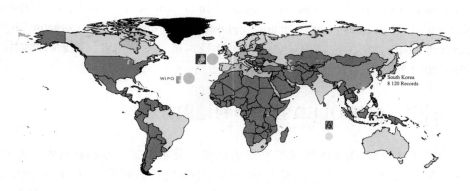

图 6-13 全球 OLED 技术专利分布地图

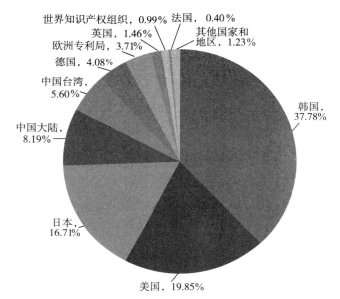

图 6-14　全球 OLED 技术专利分布情况

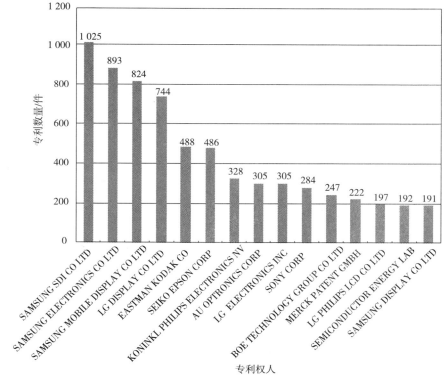

图 6-15　全球 OLED 技术前 15 名专利权人

国台湾,尽管其专利申请量在2007年和2008年有所减少,但截止到2013年其依然是全球年申请OLED技术专利最多的国家。中国大陆OLED技术专利也在2009年之后急剧增多,并在2012年之后专利年申请量超过美国、日本和中国台湾。

从图6-13和6-14可以看出,目前全球OLED技术专利主要分布在韩国、美国、日本、中国大陆、中国台湾、德国等国家和地区,其中韩国是全球申请OLED技术专利最多的国家,约占全球专利申请量的37.78%,美国约占全球的19.85%,日本约占全球的16.71%,中国大陆约占全球的8.19%。

从图6-15可以看出,全球前15名OLED技术专利申请者主要是一些韩国公司,占据7席,如三星(SAMSUNG ELECTRONICS CO LTD,SAMSUNG MOBILE DISPLAY CO LTD,SAMSUNG SDI CO LTD)、LG(LG DISPLAY CO LTD)等,并且三星和LG申请的专利数量明显较其他专利权人申请的专利数量多;中国的京东科技集团股份有限公司(BOE TECHNOLOGY GROUP CO LTD)和台湾友达光电集团(AU OPTRONICS CORP)也在其列。可以看出,目前,三星和LG是OLED技术领域的两大巨头,具有强大的研发实力。

为了了解全球OLED技术研发布局情况,本节将检索到的21 619件OLED技术专利利用Thomson Innovation专利地图分析功能生成专利地图,结果如图6-16所示。全球OLED技术的技术主题名称如表6-3所示。从图6-16和表6-3可以看出,目前全球OLED技术的研发热点集中在固体器件及相关制作工艺、场致发光光源、发光材料、显示器件控制电路等方面。

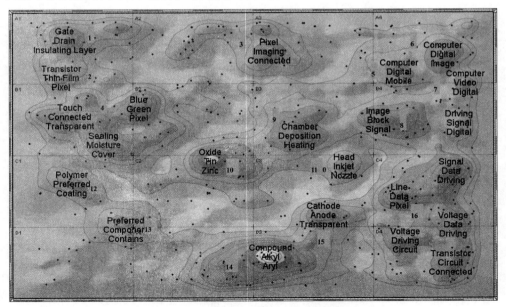

图6-16　全球OLED技术专利地图

表 6-3　全球 OLED 技术的技术主题名称

序号	关键词（英文）	关键词（中文）
1	insulating layer，drain，film transistor，thin film，semiconductor，pixels	保温层、排水、薄膜晶体管、薄膜、半导体、像素
2	film transistor，thin film，gate，semiconductor，drain，insulating layer，pixels	薄膜晶体管、薄膜、门、半导体、排水、保温层、像素
3	mask，patterns，deposition，imaging，pixels，frame，sealing，thin film	面具、图案、沉积、成像、像素、框架、密封、薄膜
4	sealing，pixels，imaging，blue，green，red，covering，connection，moisture，transparent electrode	密封、像素、成像、蓝色、绿色、红色、覆盖、连接、防潮、透明电极
5	computer，digital，mobile，portable，pixels，imaging，camera，circuit，transparent electrode，patterns	电脑、数码、手机、便携、像素、成像、摄像头、电路、透明电极、图案
6	computer，digital，mobile，imaging，portable，player，video，system，game	电脑、数码、手机、影像、便携、播放器、视频、系统、游戏
7	video，computer，terminal，mobile，digital，camera，processor，calculation	视频、计算机、终端、手机、数码、相机、处理器、计算
8	imaging，signal，control，block，controller，drive，circuit，output	成像、信号、控制、块、控制器、驱动器、电路、输出
9	chamber，deposition，thin film，heating，connection，vapor deposition，evaporation，moving	室、沉积、薄膜、加热、连接、气相沉积、蒸发、移动
10	oxide，aluminum，tin，zinc，indium，Titanium，Silver，metal，silicon	氧化、铝、锡、锌、铟、钛、银、金属、硅
11	nozzle，inkjet，ink，printer，droplets，ejecting，recording	喷嘴、喷墨、墨水、打印机、水滴、弹出录制
12	preferred，component，polymer，containing coating，patterns，transparent electrode，resin，deposition	优选、组分、聚合物、含有涂层、图案、透明电极、树脂、沉积
13	preferred，component，containing polymer，solvent，acid，compound，resin，coating	优选的、元件、包含聚合物、溶剂、酸、化合物、树脂、涂料
14	compound，preferred，alkyl，substituted aryl，component，containing，preparing，ring，aromatic	化合物、优选、烷基、取代的芳基、组件、含有、准备、环、芳族
15	cathode，anode，transparent electrode，connection，insulating，hole，pixels	正极、负极、透明电极、连接、绝缘、洞、像素
16	drive，data line，pixels，signal，voltage，circuit，scan，film transistor	驱动、数据线、像素、信号、电压、电路、扫描、薄膜晶体管

6.2.3　主要国家和地区 OLED 技术专利分布地图分析

为了了解和分析美国、日本、韩国、中国大陆和中国台湾的 OLED 技术研发重点及其在全球 OLED 技术领域中的分布情况，本节利用优先权国家/地区字段，在已生成的全球 OLED 技术专利地图中进行二次检索（检索词分别为 US、JP、KR、CN 和 TW），分别在已生成的专利地图中显示美国专利分布、日本专利分布、韩国专利分布、中国大陆专利分布和中国台湾专利分布，结果分别如图 6-17～图 6-21 所示。

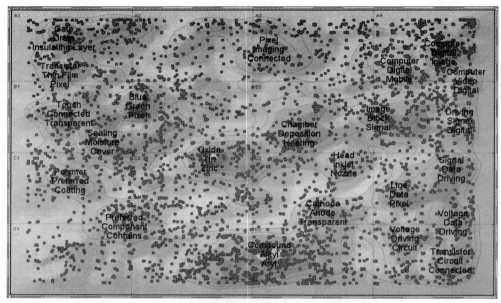

图 6-17　全球 OLED 技术专利地图——美国专利分布

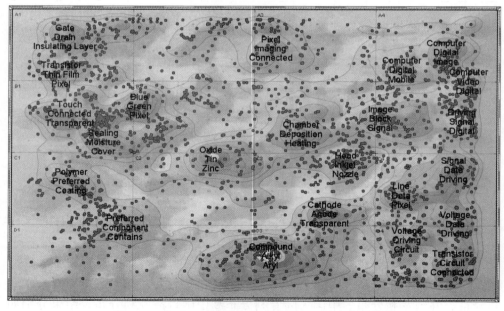

图 6-18　全球 OLED 技术专利地图——日本专利分布

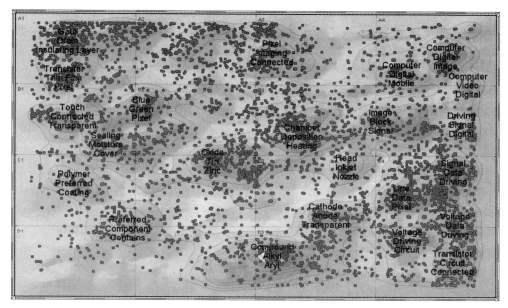

图 6-19　全球 OLED 技术专利地图——韩国专利分布

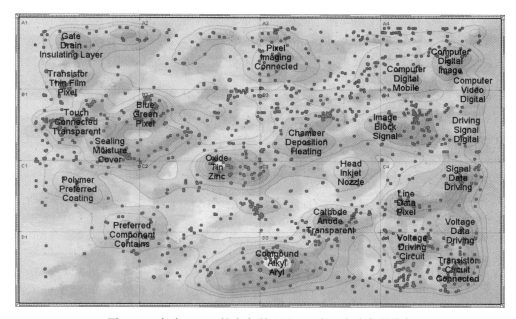

图 6-20　全球 OLED 技术专利地图——中国大陆专利分布

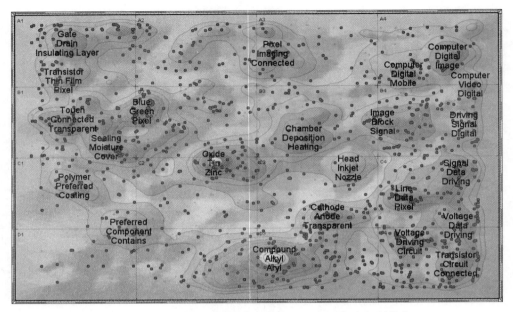

图 6-21　全球 OLED 技术专利地图——中国台湾专利分布

从图 6-17 和图 6-19 可以看出，美国和韩国几乎在 OLED 的所有技术领域都拥有大量的专利，特别是韩国，已在 OLED 的固体器件及相关制作工艺、场致发光光源、发光材料、显示器件控制电路等领域进行了大量的专利布局，表现出较强的研发实力。从图 6-18 可以看出，日本在 OLED 技术领域也进行了大量的专利布局，但专利主要集中在电致发光材料、电致发光光源、固体器件及其控制电路等方面，而其在一些技术领域还存在技术空白，如氧化物技术领域。

从图 6-20 和图 6-21 可以看出，中国大陆和中国台湾的 OLED 技术专利主要集中在有机发光材料、电致发光光源、固体器件控制电路等技术领域，但与美国、韩国和日本相比，在专利布局上和研发实力上还有一定的差距。

6.2.4　主要国家在中国申请的 OLED 技术专利分析

为了分析其他国家在中国关于 OLED 技术的专利布局情况，本节在已检索到的 21 619 件 OLED 专利中进行二次检索。首先，检索公开国号为 CN 的专利，共检索到 6 821 件专利；其次，将这 6 821 件专利利用 Thomson Innovation 专利地图分析功能生成专利地图；最后，在生成的专利地图中再检索优先权国为 US、JP、KR 的专利，并在专利地图中显示，结果如图 6-22 所示。同时，将已检索到的 6 821 件专利进行国外专利与中国专利统计对比分析，结果如图 6-23 所示。

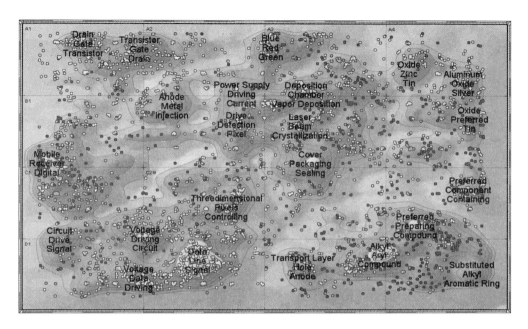

图 6-22　其他国家在中国申请 OLED 技术专利的专利地图

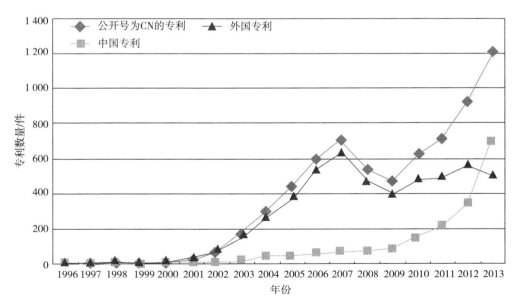

图 6-23　公开号为 CN 的中国专利和外国专利对比情况

　　从图 6-22 可以看出，美国、韩国和日本已在中国进行了大量的 OLED 技术专利布局，其中韩国和美国的专利布局最多；韩国主要是在 OLED 的固体器件、场致发光光源、显示器件及其控制电路等领域进行大量的专利布局，美国主要是在 OLED 的有机发光材料、显示器件及其控制电路等领域进大量的专利布局，而这些技术领域都是 OLED 的核心技术领域，并且一些技术领域也是中国 OLED 技术空白区。

从图 6-23 可以看出，在我国公开的 6 821 件 OLED 技术专利中有 5 036 件是外国专利，我国专利只有 1 785 件；并且早在 1996 年，国外就已经开始在我国进行专利布局，一直到 2013 年之前，国外企业和个人在我国的年专利申请量都大于我国企业和个人的年专利申请量。

图 6-22 和图 6-23 表明，国外一些企业和个人已经在我国进行了长时间的 OLED 技术专利布局，申请了大量的 OLED 技术专利，成为我国 OLED 技术专利的重要持有者，并且一些专利是集中在我国 OLED 技术的空白领域，这将对我国企业在 OLED 技术领域的自主创新产生严重干扰。我国企业必须对此予以高度警惕。

6.2.5　主要国家 OLED 技术专利权人及合作分析

在前面几小节对全球以及美国、日本、韩国、中国大陆、中国台湾 OLED 技术的专利地图分析之后，本节对 OLED 技术的专利具体持有者（即专利权人）及其合作网络进行分析，揭示 OLED 技术专利权人的合作关系。本节主要分析美国、日本、韩国和中国的 OLED 技术专利权人及其合作网络，其分析方法与第 4 章的染料敏化太阳能电池技术专利权人及其合作网络分析方法相同，具体分析步骤如下：首先，在已检索到的 21 619 件 OLED 技术专利中进行二次检索，分别检索出优先权国为 US、JP、KR、CN 的专利，分别检索出 5 592 件、3 627 件、8 134 件和 1 786 件专利；其次，分别将这些专利数据从 Thomson Innovation 中导出，并导入 TDA 中；再次，将导入 TDA 的专利数据进行专利权人数据清洗（包括对专利权人的合并、拆分等），选择清洗后的前 100 名专利权人数据（由于这四个国家申请 OLED 技术专利的专利权人较多，同时为了使合作网络图能清洗显示，本节只选择了专利申请量前 100 名的专利权人来分析专利合作情况）生成专利权人合作矩阵并统计出专利权人比例图；最后，将生成的专利权人合作矩阵导入 Ucinet 中，生成合作网络图，并删除合作网络图中孤立的点（专利权人），同时计算出合作网络图中的程度中心度。分析结果分别如图 6-24、图 6-25、表 6-4、图 6-26、图 6-27、表 6-5、图 6-28、图 6-29、表 6-6、图 6-30、图 6-31 和表 6-7 所示。在合作网络图中，点代表专利权人，点的大小代表此专利权人与其他专利权人之间的合作次数，点代表的专利权人名称在点的右侧显示，两点之间的连线代表这两个专利权人有合作关系，连线的粗细代表这两个专利权人合作的密切程度。在专利权人合作网络的程度中心度表中,程度中心度的数值说明专利权人的重要程度,数值越大说明在合作网络中越重要。

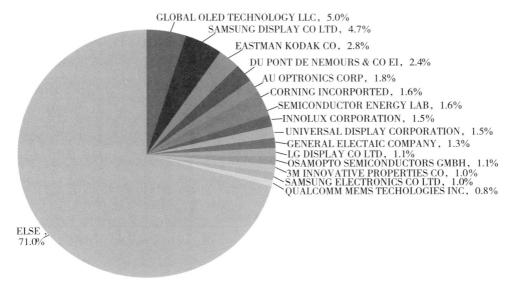

图 6-24　美国 OLED 技术专利权人分布情况

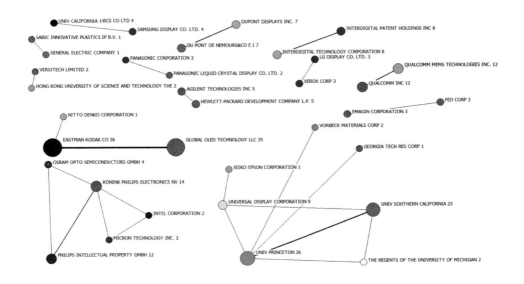

图 6-25　美国 OLED 技术专利权人合作网络图

表 6-4　美国 OLED 技术专利权人合作网络的程度中心度

序号	专利权人（机构）	程度中心度	标准化程度中心度
1	EASTMAN KODAK CO	36	1.196
2	GLOBAL OLED TECHNOLOGY LLC	35	1.163
3	UNIV PRINCETON	26	0.864
4	UNIV SOUTHERN CALIFORNIA	23	0.764
5	KONINK PHILIPS ELECTRONICS NV	14	0.465
6	QUALCOMM INC	12	0.399
7	QUALCOMM MEMS TECHNOLOGIES INC	12	0.399
8	PHILIPS INTELLECTUAL PROPERTY GMBH	12	0.399
9	UNIVERSAL DISPLAY CORPORATION	9	0.299
10	INTERDIGITAL TECHNOLOGY CORPORATION	8	0.266

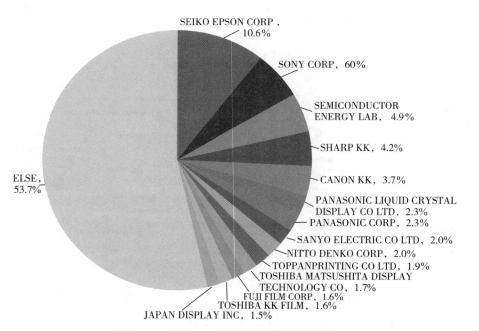

图 6-26　日本 OLED 技术专利权人分布情况

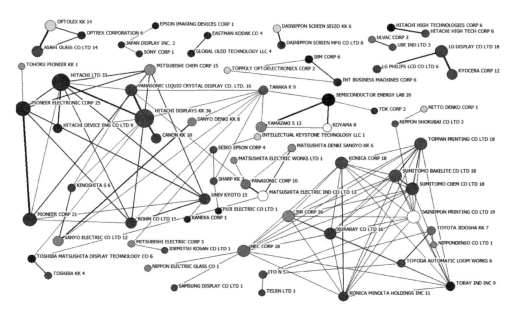

图 6-27　日本 OLED 技术专利权人合作网络图

表 6-5　日本 OLED 技术专利权人合作网络的程度中心度

序号	专利权人（机构）	程度中心度	标准化程度中心度
1	HITACHI DISPLAYS KK	36	3.030
2	HITACHI LTD	33	2.778
3	PIONEER ELECTRONIC CORP	25	2.104
4	PIONEER CORP	21	1.768
5	SEMICONDUCTOR ENERGY LAB	20	1.684
6	DAINIPPON PRINTING CO LTD	19	1.599
7	TOPPAN PRINTING CO LTD	18	1.515
8	NEC CORP	18	1.515
9	LG DISPLAY CO LTD	18	1.515
10	KONICA CORP	18	1.515

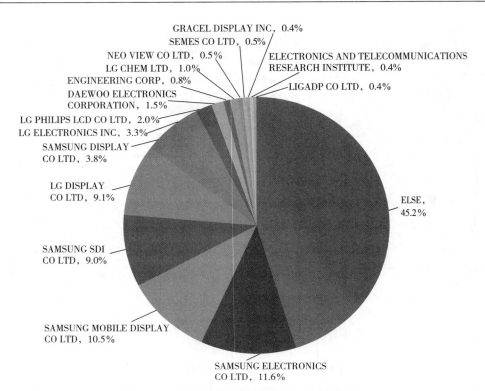

图 6-28　韩国 OLED 技术专利权人分布情况

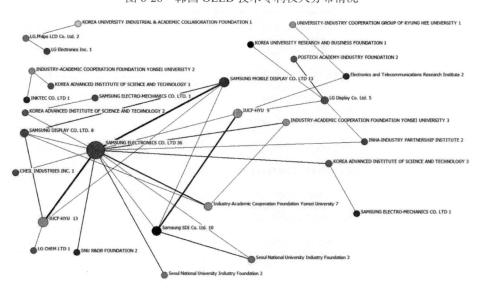

图 6-29　韩国 OLED 技术专利权人合作网络图

表 6-6 韩国 OLED 技术专利权人合作网络的程度中心度

序号	专利权人（机构）	程度中心度	标准化程度中心度
1	SAMSUNG ELECTRONICS CO. LTD	36	4.545
2	SAMSUNG MOBILE DISPLAY CO. LTD	13	1.641
3	IUCF-HYU	13	1.641
4	Samsung SDI Co. Ltd.	10	1.263
5	SAMSUNG DISPLAY CO. LTD	8	1.010
6	Industry-Academic Cooperation Foundation Yonsei University	7	0.884
7	LG Display Co. Ltd.	5	0.631
8	Korea Advanced Institute of Science and Technology	3	0.379
9	Seoul National University Industry Foundation	3	0.379
10	Postech Academy-Industry Foundation	2	0.253

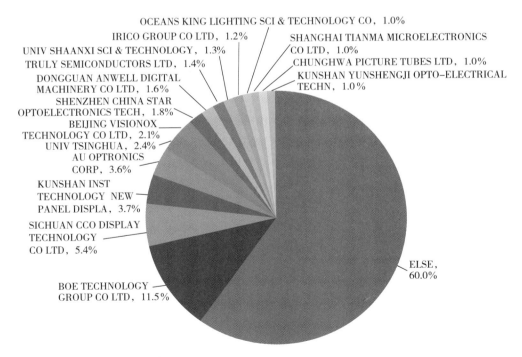

图 6-30 中国 OLED 技术专利权人分布情况

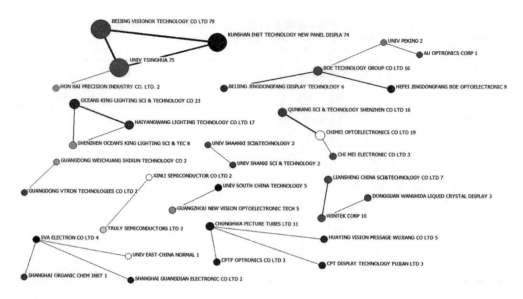

图 6-31　中国 OLED 技术专利权人合作网络图

表 6-7　中国 OLED 技术专利权人合作网络的程度中心度

序号	专利权人（机构）	程度中心度	标准化程度中心度
1	BEIJING VISIONOX TECHNOLOGY CO LTD	79	2.351
2	UNIV TSINGHUA	75	2.232
3	KUNSHAN INST TECHNOLOGY NEW PANEL DISPLA	74	2.202
4	OCEANS KING LIGHTING SCI & TECHNOLOGY CO	23	0.685
5	CHIMEI OPTOELECTRONICS CO LTD	19	0.565
6	HAIYANGWANG LIGHTING TECHNOLOGY CO LTD	17	0.506
7	BOE TECHNOLOGY GROUP CO LTD	16	0.476
8	QUNKANG SCI & TECHNOLOGY SHENZHEN CO LTD	16	0.476
9	CHUNGHWA PICTURE TUBES LTD	11	0.327
10	WINTEK CORP	10	0.298

从图 6-24 可以看出，美国的 OLED 技术专利主要申请者是全球 OLED 技术有限公司（GLOBAL OLED TECHNOLOGY LLC）、伊斯曼柯达公司（EASTMAN KODAK CO）、杜邦公司（DU PONT DE NEMOURS & CO EI）、康宁公司（CORNING INCORPORTED）等企业，分别占到全部专利的 5.0%、2.8%、2.4% 和 1.6%，并且也有一些外国的企业，如韩国的 SAMSUNG DISPLAY CO LTD、中国台湾的 AU OPTRONICS CORP 等。

从图 6-25 可以看出，在美国 OLED 技术专利权人合作网络中，与其他企业、研究机构和大学合作申请专利最多的专利权人是伊斯曼柯达公司（EASTMAN KODAK CO），而该公司与全球 OLED 科技有限公司（GLOBAL OLED TECHNOLOGY LLC）合作最为密切；并且有企业与大学之间的合作，如福尔贝克材料公司（VORBECK MATERIALS CORP）与普林斯顿大学（UNIV PRINCETON），以及大学与大学之间的合作（如 UNIV PRINCETON 与 UNIV SOUTHERN CALIFORNIA）；并且形成了以 UNIV PRINCETON、UNIV SOUTHERN CALIFORNIA 和 UNIVERSAL DISPLAY CORPORATION 为中心的大学、企业的专利合作网络群。

　　从图 6-26 可以看出，日本的 OLED 技术专利主要申请者是精工爱普生株式会社（SEIKO EPSON CORP）、索尼（SONY CORP）、夏普（SHARP KK）、佳能（CANON KK）等企业，分别占到全部专利的 10.6%、6.0%、4.2% 和 3.7%。

　　从图 6-27 可以看出，在日本 OLED 技术专利权人合作网络中，与其他企业、研究机构和大学合作申请专利最多的专利权人是日立显示公司（HITACHI DISPLAYS KK）；在合作网络中，存在着大量的有企业与大学之间的合作，如日立设备工程有限公司（HITACHI DEVICE ENG CO LTD）与京都大学（UNIV KYOTO），以及企业与企业之间的合作，如柯尼卡公司（KONICA CORP）与可乐丽公司（KURARAY CO LTD）；并且形成了以日立显示公司、京都大学、柯尼卡公司为中心的大学、企业的专利合作网络群。这些说明日本机构在 OLED 技术领域合作研发非常活跃。

　　从图 6-28 可以看出，韩国的 OLED 技术专利主要申请者是三星，包括 SAMSUNG ELECTRONICS CO LTD、SAMSUNG MOBILE DISPLAY CO LTD、SAMSUNG DISPLAY CO LTD 和 SAMSUNG SDI CO LTD，约占韩国全部 OLED 技术专利的 34.9%；其次是 LG，包括 LG DISPLAY CO LTD、LG ELECTRONICS INC、LG PHILIPS LCD CO LTD 和 LG CHEM LTD，约占韩国全部 OLED 技术专利的 15.4%。可以看出，目前三星和 LG 是韩国 OLED 技术专利的主要申请者。

　　从图 6-29 可以看出，在韩国 OLED 技术专利权人合作网络中，与其他企业、研究机构和大学合作申请专利最多的专利权人是三星，而三星与汉阳大学产业与大学合作基金会（UNIV HANYANG IUCF-HYU）之间合作较为密切，除了与汉阳大学产业与大学合作基金会合作之外，三星还与延世大学产学研合作基金会（Industry-Academic Cooperation Foundation Yonsei University）、韩国科学技术院（Korea Advanced Institute of Science and Technology）、首尔国立大学工业基金会（Seoul National University Industry Foundation）等著名大学和科研机构进行合作，并形成了合作网络群；而 LG 与浦项科技大学产学研合作基金会（Postech Academy-Industry Foundation）、汉阳大学产业与大学合作基金会、高丽大学研究与商业基金会（KOREA UNIVERSITY RESEARCH AND BUSINESS FOUNDATION）之间也进行了密切的合作，并形成了专利合作网络群。这些说明，三星和 LG 在 OLED 技术领域与著名大学和科研机构的合作非常活跃。这也是三星和 LG 能在全球 OLED 技术领域内拥有强大的研发实力的原因之一。

从图 6-30 可以看出,中国的 OLED 技术专利主要申请者是京东方科技集团股份有限公司（BOE TECHNOLOGY GROUP CO LTD）、四川虹视显示技术有限公司（SICHUAN CCO DISPLAY TECHNOLOGY CO LTD）、昆山工研院新型平板显示技术中心有限公司（KUNSHAN INST TECHNOLOGY NEW PANEL DISPLA）、清华大学（UNIV TSINGHUA）、北京维信诺科技有限公司（BEIJING VISIONOX TECHNOLOGY CO LTD）等企业和大学,分别占到全部专利的 11.5%、5.4%、3.7%、2.4%和 2.1%。

从图 6-31 可以看出,在专利合作网络图中,清华大学(UNIV TSINGHUA)、北京维信诺科技有限公司（BEIJING VISIONOX TECHNOLOGY CO LTD）、昆山工研院新型平板显示技术中心有限公司（KUNSHAN INST TECHNOLOGY NEW PANEL DISPLA）是中国大陆地区在 OLED 技术领域中最活跃、联系最密切的研发和产业化实体；同时也可以看到京东方与北京大学之间的专利合作。但总体上看,中国在 OLED 技术领域中只有少数的大学与企业之间进行合作申请专利,企业与科研机构、企业与企业合作较少,尚未形成大规模的专利合作网络群。

6.2.6　OLED 技术专利地图结果分析

前面几节以德温特专利数据库中的 OLED 技术专利数据为基础,分析了全球 OELD 技术的整体专利态势,并对 OLED 技术专利进行了有针对性的重点深入分析,以期客观展现全球 OLED 的专利布局现状,进而为我国 OELD 技术领域的研发决策提供数据支持。通过前面一节的分析,可以得出以下结论。

（1）目前,全球 OLED 技术专利主要分布在韩国、美国、日本、中国大陆、中国台湾、德国等国家和地区,其中韩国是全球申请 OLED 技术专利最多的国家,约占全球专利申请量的 37.78%,美国约占全球的 19.85%,日本约占全球的 16.71%,中国大陆约占全球的 8.19%；并且韩国的三星和 LG 是 OLED 技术领域的两大巨头,具有强大的研发实力。中国大陆近几年在 OLED 技术领域研发比较活跃,在 2009 年之后专利申请量急剧增多,并在 2012 年之后专利年申请量超过美国、日本和中国台湾。

（2）目前,全球 OLED 技术的研发热点集中在固体器件及相关制作工艺、场致发光光源、发光材料、显示器件控制电路等方面。中国的 OLED 技术专利主要集中在有机发光材料、电致发光光源、固体器件控制电路等技术领域,与美国、韩国和日本相比，在专利布局上和研发实力上还有一定的差距。

（3）在 OLED 技术领域中，国外一些企业和个人已经在我国进行了长时间的专利布局，申请了大量的专利，成为我国 OLED 技术专利的重要持有者，并且一些专利是集中在我国 OLED 技术的空白领域，这将对我国企业在 OLED 技术领域的自主创新产生严重干扰。我国企业必须对此予以高度警惕。

（4）目前，美国、日本、韩国的 OLED 技术研发多以大型企业为主体，产学研合作较为活跃且联系紧密；特别是韩国，以三星和 LG 为代表的企业，在 OLED 技术领域与著名大学和科研机构的合作非常活跃，这也是三星和 LG 能在全球 OLED 技术领域内拥有强大的研发实力的原因之一。相对来说，清华大学、北京维信诺科技有限公司、昆山工研院新型平板显示技术中心有限公司是中国大陆地区在 OLED 技术领域中最活跃、联系最密切的研发和产业化实体。但总体上看，中国在 OLED 技术领域中只有少数的大学与企业之间进行合作申请专利，企业与科研机构、企业与企业合作较少，专利申请相对比较分散且相互间缺乏合作关系，尚未形成大规模的专利合作网络群，这也将对中国 OLED 产业未来健康、可持续发展产生一定的影响。

第7章 培育和发展战略性新兴产业的创新政策取向

第5章和第6章已利用基于文献计量和专利分析的战略性新兴产业研发竞争态势分析框架，对光伏产业和 OLED 显示产业进行了分析，本章在这两章分析结果的基础上，分析我国在光伏产业和 OLED 显示产业技术领域中的研发态势，揭示我国战略性新兴产业研发领域存在的问题，并提出相应的政策建议。

7.1 中国战略性新兴产业研发态势与存在问题分析

7.1.1 中国在光伏产业技术领域中的研发态势分析

从文献计量的分析结果来看，中国在染料敏化太阳能电池技术的基础研究方面，已经具有非常强的研究实力，并已经达到国际先进水平；以中国科学院为代表的科研机构已处在国际研究前沿。

从专利分析的结果来看，中国在硅基太阳能电池技术（第一代光伏技术）和化合物半导体太阳能电池技术（第二代光伏技术）领域与美国、日本差距较大，美国、日本在这两个技术领域已拥有大量的核心专利和比较完备的技术体系，且早已在这两个技术领域进行了专利布局。中国在新兴光伏技术领域——染料敏化太阳能电池技术（第三代光伏技术代表）领域中拥有一定数量的专利，但这些专利的拥有者多数是高校和科研院所，企业拥有的专利很少，企业与高校、科研院所合作也较少；而美国、日本、韩国的染料敏化太阳能电池技术研发多以大型企业为主体，产学研合作较为活跃且联系紧密，并且国外一些企业已经开始在中国染料敏化太阳能电池技术领域大量申请专利，成为中国染料敏化太阳能电池技术专利的重要持有者，其中一些专利是集中在中国染料敏化太阳能电池技术的空白领域，这将对中国企业在新兴光伏技术领域——染料敏化太阳能电池技术领域的自主创新产生严重干扰。这些也使得中国太阳能光伏产业的未来发展存在一定的潜在风险。

从文献计量和专利分析的结果来看，虽然中国在一些光伏技术领域（如染料敏化太阳能电池技术领域）的基础研究具有较强的研究实力，但这并没有转化为企业技术创新实力，专利的大量拥有者大多数还是高校和科研院所，企业拥有专利很少，企业专利布局能力也不足，企业与高校和科研院所合作也较少，科技、经济"两张皮"问题严峻。这种现象与国外形成鲜明的对比。

7.1.2　中国在 OLED 产业技术领域中的研发态势分析

从文献计量的分析结果来看，中国在 OLED 技术的基础研究方面，已经具有较强的研究实力，并已达到国际先进水平；并且以中国科学院、吉林大学、华南理工大学、清华大学为代表的大学和研究机构已处在国际研究前沿。

从专利分析的结果来看，中国近几年在 OLED 技术领域的研发比较活跃，专利主要集中在有机发光材料、电致发光光源、固体器件控制电路等技术领域，但与美国、韩国和日本相比，在专利布局和研发实力上还有一定的差距。清华大学、北京维信诺科技有限公司、昆山工研院新型平板显示技术中心有限公司是中国大陆地区在 OLED 技术领域中最活跃、联系最密切的研发和产业化实体。但总体上看，中国在 OLED 技术领域中只有少数的大学与企业之间进行合作申请专利，企业与科研机构、企业与企业合作较少，专利申请相对比较分散且相互间缺乏合作关系；而美国、日本、韩国的 OLED 技术研发多以大型企业为主体，产学研合作较为活跃且联系紧密，特别是韩国，以三星和 LG 为代表的企业，在 OLED 技术领域与著名大学和科研机构的合作非常活跃和密切；并且国外一些企业和个人已经在中国 OLED 技术领域中进行了长时间的专利布局，申请了大量的专利，成为中国 OLED 技术专利的重要持有者，其中一些专利集中在中国 OLED 技术的空白领域，这将对中国企业在 OLED 技术领域的自主创新产生严重干扰，也将对中国 OLED 产业未来健康、可持续发展产生一定的影响。

从文献计量和专利分析的结果来看，虽然中国的一些大学和科研机构已在 OLED 技术领域的基础研究方面具有较强的研究实力，但中国的企业在 OLED 技术领域内的技术创新实力还很弱，企业专利布局能力也不强，企业与高校和科研院所合作也比较分散和稀少，科技、经济"两张皮"问题依然严峻。这种现象与美国、日本、韩国在 OLED 技术领域中密切的产学研合作形成鲜明的对比。

7.1.3　中国战略性新兴产业研发领域存在的问题分析

总体上,从光伏产业和 OLED 显示产业的研发态势分析结果来看,中国创新还需要时间。具体来说,从好的一面讲,中国在一些技术领域的基础研究已经具有较强的研究实力,并已接近或达到国际先进水平,一些高校和科研院所的国际合作水平也已很高;近几年的专利申请量急剧增加,一些企业已拥有自己的研发机构或正在建立研发机构,并且已与一些高校和科研院所进行了密切的合作研发,一些企业也已在国际前沿技术领域进行了研发。但也应看到,现阶段,中国战略性新兴产业研发领域还存在以下一些问题。

（1）大学、科研机构的科研成果质量和科研成果转化率有待提高。一方面,中国在染料敏化太阳能电池技术和 OLED 技术领域中发表了大量的 SCI 论文,而且总量已居全球第一,但每篇论文的平均引用频次不高,远低于美国、日本、德国和英国等发达国家。这表明,在这两个技术领域中,中国已发表的一些 SCI 论文质量有待提高。同时,这也折射出中国高校和科研院所将发表论文数量作为人才评价标准之一的弊病。许多高校和科研院所的人员以追求多发论文为目标,而忽略论文质量,这实际上对中国的基础研究是非常不利的。因为发表这么多的"垃圾论文",不仅浪费大量的人力和智力,也浪费大量的财力,不利于中国良好学术氛围的传承和国际学术声誉的提升。另外,中国在一些前沿技术领域中,拥有专利的大多数是大学和科研院所,企业拥有的专利很少;而国外在这样的技术领域中,拥有专利的大多数是一些大型企业和科技型中小企业,大学和科研院所的科研成果能很快地被转化。

（2）企业研发实力和技术创新水平有待提升。与国外相比,中国在染料敏化太阳能电池技术和 OLED 技术领域中拥有专利的大多数还是科技型中小企业,企业整体研发实力较弱,企业与高校和科研院所的研发合作也比较松散,科技、经济"两张皮"问题依然严峻;同时,中国企业的知识产权保护意识和国际专利布局能力也有待提高。

（3）政府在促进产学研合作方面存在缺位现象,一方面是服务环境营造的缺位,包括一些法律法规的制定、政策的引导等;另一方面是平台搭建的缺失。具体来说,从原则上讲,产学研合作,是各个主体在市场机制作用下,自愿选择合作对象、合作方式及利益分配方式,以目标为导向的各种组合。但现阶段,在中国市场机制尚不健全的情况下,建立"以企业为主体,产学研结合的技术创新体系",是在政府提供的法律法规和政策环境中,高校、科研机构、中小企业、大型企业在市场作用下,各自发挥比较优势,自由选择的结果。而目前政府所营造的法律法规和政策环境,在促进产学研合作方面效果并不好。此外,高校、科研院所与企业"两张皮"的一个重要原因，是两者之间缺乏一个"结合"的组织平台。而政府在这个组织平台搭建的过程中是缺位的。

（4）社会大众参与研发活动的程度相对较低。一方面，社会化的技术转移服务参与对接高校、科研机构的"技术溢出效应"活动较少，社会化的媒体宣传高校和科研院所的科研成果力度不够；另一方面，民间资本在投资新兴技术领域和促进科技型中小企业创新方面也相对较少。

7.2　主要发达国家培育和发展新兴产业的主要政策措施

随着经济全球化竞争日益激烈，科技创新不断取得重大突破，以知识技术密集、绿色低碳为主要特征的新兴产业蓬勃兴起，日益成为引领新一轮产业革命的主导力量。而本轮新兴产业呈现出一个重要的特征，即新兴产业多出现于创新型中小企业。由于大企业具有成熟的技术轨道，垄断利润丰厚，因而对采用颠覆性技术往往迟疑，对"突破性创新"大多予以封杀。而创新型中小企业一般是通过"突破性创新"起家，机制灵活，创新活跃，具有高成长性。所以创新型中小企业往往是新兴产业的摇篮。例如，IBM、谷歌、Facebook、阿里巴巴等都是从小企业发展而来的，而正是这些小企业成就了现在蓬勃发展的信息网络产业。

中小企业已成为推动世界经济发展的重要力量，在增加社会就业、推动技术创新、促进新兴产业发展等方面，发挥着越来越重要的作用。金融危机后，促进中小企业创新是各国培育新的经济增长点、促进经济复苏过程中创新政策的重要着力点，各国纷纷调整政策向其倾斜，强化对中小企业创新发展的支持。因此，了解并借鉴发达国家关于促进中小企业创新发展的政策措施，对于我国培育和发展战略性新兴产业，加快国家创新体系建设具有重要的借鉴意义。

金融危机后，主要发达国家在研发税收、财政、金融、政府采购、产学研合作等方面，加大对中小企业技术创新的支持力度。

7.2.1　主要发达国家关于促进新兴产业研发创新的主要政策措施

1. 研发税收优惠支持措施

鼓励研发、促进研发创新是世界各国培育和发展新兴产业的重要手段之一。中小企业是新兴产业最具活力的创新主体，但由于资金和规模的限制，再加上受金融危机的影响，中小企业的研发热情不断下降。为调动中小企业开展技术研发的积极性，加大 R&D 投入，各国纷纷加强对中小企业的研发税收优惠支持。

2000～2007 年，英国中小企业研发税收政策采取研发费用 150% 的税前扣除。从 2008 年 8 月开始，英国给予中小企业 175% 的税前扣除，对于亏损的中小企业，可获得转让亏损的 14% 现金返还。从 2011 年开始，英国对中小企业政策又进行了重大调整，自 2011 年 4 月 1 日起，中小企业政策由原来 175% 的税前扣除提高到 200%；2012 年 4 月 1 日再提高到 225%，对于亏损的中小企业，可获得转让亏损的 11% 现金返还。同时，另一个调整方向就是简化申报手续，使更多的中小企业受益（HM Revenue & Customs，2013）。

加拿大为促进企业加大 R&D 投入和提高创新能力，实施了科学研究与试验开发税收抵免计划（Scientific Research and Experimental Development Tax Incentive Program）。该计划适用于加拿大境内进行研发的所有企业，并重点支持中小企业，根据企业规模确定税收减免比率，规模越小获得优惠越大（Canada Revenue Agency，2012）。

美国白宫和财政部于 2012 年 2 月联合发布了题为《总统的企业税收改革框架》（*The President's Framework for Business Tax Reform*）的报告（The White House and the Department of the Treasury，2012），提出将公司税税率从 35% 降低到 28%，并特别强调要将研发税收抵免政策永久化，该报告已提交国会审议。研发税收抵免已成为美国广受中小企业欢迎的税收优惠政策。

2. 财政金融支持措施

新兴产业的技术研发活动风险高而且具有严重的外部性问题，使得企业可能缺乏研发创新的积极性。而政府补贴作为调节这一矛盾问题的有效政策工具，不但能弥补企业研发资金不足的问题，还能够产生额外行为，从而引起企业技术研发活动的改变。以美国的新能源产业促进政策为例，美国政府通过增加财政拨款，促进能源科学研究。《美国复苏与再投资法案》计划未来十年在新能源和能源效率研发上投入 168 亿美元。欧盟为了在众多新兴技术领域取得领先地位，30 年内实施了 7 次研发框架计划，并于 2013 年年底启动了新的研究与创新框架计划——"地平线 2020"（Horizon 2020），经费预算达到 770 亿欧元。

针对新兴技术的特点，世界各国的 R&D 投入政策，对交叉领域、高风险领域及产业化前期阶段表现出越来越明显的政策倾向性。欧盟最新研发计划的宗旨为，支持各种新兴前沿技术的研发，积极推动国际合作研发项目，有效利用国际科技资源为欧盟的新兴技术发展服务。美国的技术创新项目（technology innovation program，TIP）（NIST，2008），也带有明显高风险、高回报的倾向性，宣告了美国政府支持产业技术研发的新理念——通过支持高风险、高回报的技术研究，铺设实验室研究与技术市场性之间的桥梁，解决美国国家重点需求领域所面临的问题和挑战，推进并加速美国的创新。2010 年美国颁布《美国复苏与再投资法案》，R&D 投入达 180 亿美元，创历史新高；美国加大对关键科研机构的研究开发预算，对 TIP 的投入经费计划从 2009 年的 6 000 万美元上涨到 2015 年的 1 亿美元。

3. 促进产业关键支撑技术发展

开发关键支撑技术（key enabling technologies，KETs）是欧盟产业政策的重要组成部分。欧盟委员会认为，关键支撑技术跨越众多技术领域，具有融合和一体化的趋势，能够帮助其他领域的技术领先者充分利用自己的研究成果。关键支撑技术主要包括纳米技术、微电子与纳米电子技术、光电子技术、先进材料技术、工业生物技术和先进制造技术等六大先进技术。欧盟委员会于 2010 年 7 月成立了由高层专家组成的关键支撑技术高级别小组，系统研究欧盟产业优势和未来的发展方向；2012 年发布《欧盟关键支撑技术战略》（*European Strategy for the Development of Key Enabling Technologies*），制定促使关键支撑技术商业化应用的政策工具，以期与私营部门和民间机构一起推动关键支撑技术研究成果的商业化进程。欧盟最新预测数据显示，到 2015 年，全球关键支撑技术市场规模将由 2008 年的 6 500 亿欧元增至 1 万亿欧元以上，欧盟与关键支撑技术相关的商品与服务在欧盟国内生产总值所占比例将高达 8%，欧盟纳米技术行业新增就业岗位约为 40 万个[①]。

4. 支持开放创新

在美国，隶属于商业部的国家健康研究院在资助健康科学研究中，一直采用全球视角，对遍布全球的基础生物医学研究和研究伙伴给予资助。资助研究全球化的原因是，国家健康研究院要应对全球挑战。为了改进跨国界的合作研究，国家健康研究院开发了新系统，以便于全球不同地区的研究者顺利找到潜在的合作研究者。欧盟 28% 的创新政策对其成员国是开放的，并力求成员国之间进行创新合作；欧盟 22% 的创新支持政策对其他国家是开放的，力求实现成员国与非成员国之间的合作。印度 2013 年发布的《产业 R&D 部门创新白皮书》中提出开放创新与群体智慧的战略，具体措施包括创建开放资源平台、促进国际交流、网上发布公共产品等。

5. 支持交叉领域研发

近年来，各个科技领域的交叉和渗透达到了前所未有的深度和广度，并孕育

[①] Study on international market distortion in the area of KETs，2012.

着重大创新突破。2009 年法国《研究与创新战略综合报告》中指出，为更好地促进研究与创新，必须要坚持多学科交叉（multi-disciplinarity）的原则，特别是在纳米技术、生物技术和信息科学领域，打破学科领域之间的障碍和加强不同研究团队、机构之间的交流，这对于确保竞争优势至关重要。

新技术往往具有学科交叉的特点，在单一学科内部进行研发项目的筛选和资助的传统的纵向管理模式并不完全适用于新兴技术领域，对此美国 TIP 进行了有效探索。TIP 实行跨学科、跨领域的交叉矩阵式管理，组织结构相对扁平化，主要工作围绕着四个办公室（即筛选管理办公室、项目管理办公室、影响分析办公室和主管办公室）进行。四个办公室之间融合了责任矩阵和团队工作的概念，各个办公室都有其特殊的专有技术、知识、技巧和能力，来实施其核心功能并且支持其他 TIP 办公室完成工作，所有的员工都需要将他们的专门知识和能力应用于跨越正式行政组织界限的工作任务和责任。"跨办公室"工作成为日常行为。除此以外，其他来自美国国家标准与技术研究院（National Institute of Standards and Technology，NIST）或其他联邦机构、州立机构及高等教育机构的科学家和工程师，将与 TIP 在一些短期任务上共同工作来完善 TIP 核心工作人员的技能和竞争力。TIP 计划的管理组织结构的设置就充分体现了应对新技术的未知性、跨学科性和广泛的网络性联系的需要，在四个办公室的设置上，着重强调了每个办公室的开放性，使"跨办公室"工作成为日常行为，以实现管理系统的互相支持和网络性。

7.2.2　主要发达国家关于促进产业学研合作与企业创新的主要政策措施

科学技术如何才能转化为现实生产力的问题，是备受关注的理论和实践课题。大量研究表明：以企业为代表的私人部门与高校、科研机构等公共部门的合作创新，在微观上，是推动企业技术创新的最有效方式之一，也是实现科学技术转化为生产力的最佳途径之一；在宏观上，是优化配置科技资源、经济资源和生产要素，整合国家科技与经济系统结构的有力措施。因此，作为加快科技成果转化、实现经济与科技协调发展的重要途径，产学研合作创新已经赢得了世界各国的企业界、学术界乃至政府的高度重视。各国在促进产学研合作方面，制定了一系列的政策和措施，具体如下。

1. 综合科技计划手段，为产学研合作提供经费资助

通过科技计划形式支持产学研合作已经成为不少国家的普遍做法，从资助目标、对象、形式来看，这些计划各具特点，在多个维度构筑了完善的支持体系。

　　从目标导向上看，有的计划以开发关键技术和共性技术为目标，如美国的新一代汽车合作计划、日本的超大规模集成电路计划、韩国的先导技术计划；有的以促进技术转移为目标，如美国小企业技术转移计划、英国的法拉第合作伙伴计划、德国的创新网络计划；有的则以能力建设为主要目标，如瑞典的能力中心计划。

　　从资助对象上来看，这些计划主要资助企业或由企业与科研机构组成的联合体。美国的先进技术计划制订的目的就是，为企业或企业与科研机构的联合体提供启动资金，进行高新技术的应用研究与产业化开发。德国的主体研发计划通常是为由企业和公共研究机构组成的研究联合体提供直接的研究资助。法国的科技协作行动计划，支持由一个单位牵头，组织公共研究机构、大学实验室或与私营研究机构合作，或与大型企业的科研中心联合。

　　从资助形式上来看，尽管不同的国家科技计划在支持产学研合作形式方面有一定的差异，但是有不少科技计划已对产学研合作提出了强制性要求。例如，法国的竞争点计划、芬兰的国家技术发展中心计划等，都强制性规定计划项目都以产学研合作方式进行研究，企业的项目必须找大学或研究机构作为伙伴才能得到资助，而大学、研究所的项目也必须有企业作为伙伴才能得到支持。德国的促进创新网络计划要求至少要有四家企业和两个研究机构参与。

2. 构建机构信息网络，为产学研合作提供平台支撑

　　主要发达国家还通过搭建平台的方式来汇聚产学研各方力量开展联合创新，其形式较为多样，有实体的合作研究机构，也有虚拟的信息服务网络、数据库等。

　　一是建立合作研究机构。美国为了支持产学研合作，在大学内建立"科学技术中心"、"工程研究中心"和"大学-工业合作研究中心"，使科技成果的产生、中试及产业化形成有机联系。与此同时，美国还依托著名大学创建高科技园区，并在其中设立创新中心，如硅谷科技园、北卡罗来纳州金三角科技园等。法国为促进产学研合作创新，实行公私部门共有研发机构。大部分公私共有研发机构是应大型企业的需求及提议，联合在相关领域拥有技术优势的公共研发机构共建。

　　二是创建信息服务平台。为消除产学研主体间的信息不对称，加强信息咨询服务建设，很多国家建立了信息服务平台，提供技术转移信息与经验的交流场所，为潜在合作伙伴提供信息咨询等。加拿大建立的国家杰出中心网络在大学、企业和政府部门及其研究机构之间建立了强有力的合作伙伴关系。通过此网络，大学教师能方便和迅速地找到应用的企业，而企业也能迅速地找到有关的大学教师解决技术问题和开展委托或合作研究。英国政府通过构建区域技术交流网络来促进产学研合作，其中最成功的一个例子是伦敦技术网络。伦敦技术网络是一个非营利机构，通过在科研机构和企业非常集中的伦敦地区构筑一个区域技术交流网络，帮助技术密集型的企业更有效、更迅速地从大学的科研创新中获得技术和知识。

3. 加强知识产权保护，为产学研合作营造良好环境

为明确科研成果归属，协调创新主体间利益分配，促进产学研合作，一些发达国家不断加强知识产权保护。德国通过《雇员发明法》等法律法规，对研究成果知识产权归属做出明确规定。大学的教师发明分为"职务发明"和"非职务发明"，学校作为知识产权所有人负责对职务发明进行保护和开发，发明人可以获得发明专利实施收益的 30%作为奖励。公立研究机构研究人员取得的研究成果被视为"职务发明"（发明人能提供足够的"非职务发明"证明材料的除外），所有权归本机构所有，发明人可获得约 30%的研究成果实施收益。对于企业与大学和公立研究机构联合实施的研发项目来说，一般通过订立合同对研究成果的知识产权归属做出明确规定。法国为简化知识产权规定，修改了相关法律条款，规定自 2009年 7 月 1 日起，必须由单一的受托人代表多个拥有者负责专利的开发。这项修改解除了有关法律的束缚，提高了知识和技术转移的效率，促进了产学研合作。英国为促进产学研合作的知识产权权益分配，在产权归属方面进行了改革，把过去政府资助的研究项目所得知识产权一般归国家所有，改为归项目研究机构所有，这使得研究机构成为知识产权的管理者和经营者。

7.3　中国培育和发展战略性新兴产业的创新政策取向

"科学发现—技术发明—产业化"是战略性新兴产业发展的基本路径。只有加大对有产业背景的新兴技术研发的支持力度，才可能保证我国战略性新兴产业具有原始创新的活力及持续发展的后劲。因此，针对我国战略性新兴产业研发领域目前存在的问题，借鉴国外促进产业研发创新、产学研合作与企业创新的经验，为促进我国战略性新兴产业研发能力的提升，提出如下政策建议。

7.3.1　完善高校、科研院所的治理体系

有产业背景的基础研究的突破是战略性新兴产业发展的原始动力。充分发挥高校、科研院所在基础研究领域中的优势，改革高校、科研院所人才评价机制，引导评价标准从注重论文数量向注重论文质量方向转变，完善人才培养激励机制。推动高校、科研院所建立专业化的技术转移服务机构和科技成果发布机制。建立健全高校、科研院所管理法律法规，明确权责、义务、科研成果知识产权归属，完善和健全高校、科研院所的治理体系。

7.3.2　引导和支持企业提升技术创新能力

尽管大学和科研院所在战略性新兴产业的发展中可以发挥重要作用，但产业创新最终还得靠企业。企业强则产业兴。因此，政府应引导和支持企业提升技术创新能力。引导企业加大 R&D 投入和建立研发机构。加大国家重点实验室、国家工程实验室、国家工程（技术）研究中心、大型科学仪器中心、分析测试中心等向企业开放服务的力度，推动国家科技资源开放共享。建立健全科技人才、高技能人才流动机制，鼓励科研院所、高等学校、职业院校和企业人员双向流动。支持企业承担产业化目标明确的重大项目，加大国家创新基地在企业的布局；在明确政府和企业定位的基础上，提出企业重点实验室的定位和建设标准，引导企业围绕产业战略需求开展基础研究；引导和支持骨干企业围绕产业战略需求开展技术研发和工程化研究。建立健全国有企业技术创新的经营业绩考核制度，落实和完善国有企业 R&D 投入视同利润的考核措施，引导国有企业进一步加大科研投入；加大国有资本经营预算对自主创新的支持力度，支持中央企业开展协同创新和成果产业化。加大科技型中小企业技术创新基金投入力度，支持科技型中小企业创新创业，实施国家中小企业发展专项资金，引导中小企业提升技术创新能力和推进信息化。支持民营企业发展多种形式的研发机构，加大对民营企业技术创新平台建设的支持力度，提升民营企业技术创新能力。

7.3.3　推进产学研紧密合作

如何促进科技成果转化，促成基础研究、应用研究、产业孵化紧密结合，对世界各国都是一道难题。而科技、经济"两张皮"是我国长期以来难以突破的困局。究其原因，就是两者之间缺一个紧密结合的平台和良好的服务环境。为此，必须从国家、政府层面上给予更强有力的推动和保障。实施各类科技计划以不同程度、不同形式、不同方式引导大学和科研机构以产业需求为导向，通过与企业合作形成战略伙伴关系，加强应用技术开发和转移。积极建立健全产学研合作服务平台体系，促进企业之间、企业与科研机构和大学之间的知识流动、人才交流和技术转移。以政府为主导，依托创新能力强、创新组织健全、协调管理能力强的企业、科研院所、高等学校，建立产业技术研究院，聚焦产业发展中的"共性技术"、"关键技术"和"前瞻性技术"，促进创新知识转化为应用技术成果，为战略性新兴产业发展提供技术支撑。同时，完善和落实法律法规，明确产学研各方利益、风险共享分担机制，预防知识产权纠纷，强化产学研合作管理机制。

7.3.4　营造企业技术创新的良好环境

目前，我国企业的技术创新能力还需提升，创新环境还有待改善。政府应进一步加强科技、产业、财税、金融等部门的协同和相关政策的衔接配套，着力解决制约企业创新的体制机制障碍，完善产业创新体系。一是进一步完善和落实相关政策，如研发费用加计扣除政策，促进企业加大 R&D 投入。二是积极促进科技成果转化。支持高校、科研院所建立与高新区技术转移中心的合作机制，完善激励科技人员从事科技成果转化、技术转移的考核评价制度。大力发展科技服务业，推动各类科技服务机构发展。三是促进科技和金融结合。深入开展促进科技和金融结合试点，通过创新投入方式和金融产品，改进服务模式，搭建科技金融服务平台，为企业技术创新提供融资支持；充分发挥市场机制作用，利用"引导基金"，调动社会资本和要素服务企业技术创新。四是完善知识产权保护环境。切实加强知识产权的创造、运用、保护和管理，建立健全知识产权服务体系，加强面向企业的知识产权专业化服务，提高企业知识产权保护能力和意识。五是积极营造公平竞争的市场环境和良好的人文社会环境，激发企业创新活力。

参考文献

白春礼. 2013. 把握新科技革命机遇 支撑创新驱动发展[N]. 中国社会科学报.

陈傲，柳卸林. 2011. 突破性技术从何而来——一个文献评述[J]. 科学学研究，29（9）：1281-1290.

陈傲，柳卸林，高广宇. 2012. 新兴产业高被引专利的形成特征——以燃料电池为例[J]. 科研管理，33（11）：9-15.

陈清泰. 2011. 自主创新和产业升级[M]. 北京：中信出版社.

程宏伟，刘丽，张永海. 2008. 资源产业链演化机制研究——以西部地区为例[J]. 成都理工大学学报（社会科学版），16（2）：34-38.

程跃，银路. 2010. 基于企业动态能力的新兴技术演化模型及案例研究[J]. 管理学报，7（1）：43-49.

戴 D，休梅克 P . 2002. 沃顿论新兴技术管理[M]. 石莹，等译. 北京：华夏出版社.

丁云龙. 2006. 论技术的三种形态及其演化[J]. 自然辩证法研究，22（12）：42-46.

范从来，袁静. 2002. 成长性、成熟性和衰退性产业上市公司并购绩效的实证分析[J]. 中国工业经济，（8）：65-72.

方荣贵，银路，王敏. 2010. 新兴技术向战略性新兴产业演化中政府政策分析[J]. 技术经济，29（12）：1-6.

高峻峰. 2010. 政府政策对新兴技术演化的影响——以我国 TD-SCDMA 移动通讯技术的演化为例[J]. 中国软科学，（2）：25-33.

耿亚新，周新生. 2010. 太阳能光伏产业的理论及发展路径[J]. 中国软科学，（4）：19 -28.

黄凯南. 2007. 企业和产业共同演化理论研究[D]. 山东大学博士学位论文.

黄鲁成，王吉武，卢文光. 2007. 基于 ANP 的新技术产业化潜力评价研究[J]. 科学学与科学技术管理，（4）：122-125.

黄鲁成，王亢抗，吴菲菲，等. 2013. 新兴产业研究方法论论纲[J]. 科学学研究，31（1）：13-21.

菅利荣. 2008. 面向不确定性决策的杂合粗糙集方法及其应用[M]. 北京：科学出版社.

蒋德鹏，盛昭瀚. 2001. 技术的演化与锁定[J]. 管理科学学报，4（1）：58-63.

靖继鹏，王欣，薛雯. 2008. 信息产业系统演化机理研究[J]. 情报杂志，27（5）：142-145.

库恩 T. 2003. 科学革命的结构[M]. 金吾伦，胡新和译. 北京：北京大学出版社.

李仕明. 2007. 新兴技术管理研究综述[J]. 管理科学学报，10（6）：76-85.

李正卫. 2005. 技术动态性、组织学习与技术追赶：基于技术生命周期的分析[J]. 科技进步与对策，22（7）：8-11.

刘红玉，彭福扬，吴传胜. 2011. 战略性新兴产业的形成机理和成长路径[C]. 深圳：产业论与产业创新学术研讨会会议论文集：40-44.

柳卸林，何郁冰. 2011. 基础研究是中国产业核心技术创新的源泉[J]. 中国软科学，（4）：
　　104-117.

娄岩，傅晓阳，黄鲁成. 2010. 基于文献计量学的技术成熟度研究及实证分析[J]. 统计与决策，
　　（19）：99-101.

卢文光. 2008. 新兴技术产业化潜力评价及其成长性研究[D]. 北京工业大学博士学位论文.

卢文光，黄鲁成. 2008. 新兴技术产业化潜力评价与选择的研究[J]. 科学学研究，26（6）：
　　1201-1209.

鲁若愚，张红琪. 2005. 基于快变市场的新兴技术产品更新策略[J]. 管理学报，2（3）：317-320.

陆国庆. 2002. 论产业演进的系统动力机理——兼论产业衰退的原因[J]. 江汉论坛，（4）：15-18.

吕明元. 2007. 技术创新与产业成长[M]. 北京：经济管理出版社.

毛荐其，刘娜. 2010. 基于技术生态的技术协同演化机制研究[J]. 自然辩证法研究，26（11）：
　　26-30.

毛荐其，刘娜，陈雷. 2011. 基于技术生态的技术自组织演化机理研究[J]. 科学学研究，29（6）：
　　719-832.

钱学森. 2001. 创建系统学[M]. 太原：山西科技出版社.

邱均平. 1988. 文献计量学[M]. 北京：科学技术文献出版社.

盛昭瀚，高洁. 2007. 基于 NW 模型的新熊彼特式产业动态演化模型[J]. 管理科学学报，
　　10（1）：1-8.

史丹. 2004. 高技术产业发展的影响因素及数据检验[J]. 中国工业经济，（12）：32-39.

石奇. 2011. 产业经济学[M]. 第二版. 北京：中国人民大学出版社.

宋国宇，王锦良，尚旭东. 2011. 我国绿色食品产业发展影响因素的动态演进与发展机理[J]. 技
　　术经济，30（8）：87-93.

宋艳. 2011. 新兴技术的形成路径及其影响因素研究——基于中国企业实际运作调查[D]. 电子科
　　技大学博士学位论文.

宋艳，银路. 2007. 新兴技术的物种特性及形成路径研究[J]. 管理学报，4（2）：211-215.

苏东水. 2005. 产业经济学[M]. 北京：高等教育出版社.

隋广军，万俊毅，苏启林. 2004. 区域产业生成的动力因素[J]. 广东社会科学，（1）：50-55.

陶海青，金雪军. 2002. 技术创新的演化趋势[J]. 管理世界，（2）：145-149.

王昌林，王君，姜江. 2010. 加快培育和发展战略性新兴产业[J]. 宏观经济管理，（1）：21-23.

王吉武. 2008. 新兴技术商业化潜力评价及投资决策研究[D]. 哈尔滨工程大学博士学位论文.

王敏，银路. 2008. 技术演化的集成研究及新兴技术演化[J]. 科学学研究，26（3）：466-471.

王敏，银路. 2009. 新兴技术演化模式及其管理启示 [J]. 技术经济，28（11）：13-16.

王其藩. 1994. 系统动力学[M]. 北京：清华大学出版社.

汪艳红. 2007. 新兴产业的培育与发展研究[D]. 吉林大学硕士学位论文.

吴东，张徽燕. 2005. 论新兴技术对企业管理的影响及对策[J]. 科技与管理，7（1）：67-69.

吴贵生，王毅. 2009. 技术创新管理[M]. 北京：清华大学出版社.

吴锡军，袁永根. 2001. 系统思考和决策试验[M]. 南京：江苏科技出版社.

吴晓波，李正卫. 2002. 技术演进行为中的混沌分析[J]. 科学学研究，（5）：458-462.

吴晓波，聂品. 2008. 技术系统演化与相应的知识演化理论综述[J]. 科研管理，29（2）：103-114.

向吉英. 2005. 产业成长的动力机制与产业成长模式[J]. 学术论坛，（7）：49-53.

肖沪卫，顾震宇. 2011. 专利地图方法与应用[M]. 上海：上海交通大学出版社.

谢雄标，严良. 2009. 产业演化研究述评[J]. 中国地质大学学报（社会科学版），9（6）：97-103.

殷焕武. 2010. 基于粗糙集属性重要度的岗位评价方法及其应用[J]. 管理学报，7（5）：683-685.

张士靖，姚强，杜建. 2010. 基于 CSSCI 的知识服务领域高被引作者的可视化研究[J]. 情报杂志，29（9）：41-44.

张永伟. 2011. 技术创新与产业升级之路——从追赶到前沿[M]. 北京：中信出版社.

张玥，朱庆华. 2009. 学术博客交流网络的核心——边缘结构分析实证研究[J]. 图书情报工作，53（12）：25-29.

赵旭. 2004. 关于新技术商业化关键影响因素的实证研究[D]. 清华大学硕士学位论文.

赵玉林，李文超. 2009. 主导性高技术产业成长的系统动力学研究[J]. 经济问题探索，（5）：65-72.

Dosi G. 1992. 技术进步与经济理论[M]. 钟学义，等译. 北京：经济科学出版社.

Abernathy W J，Utterback J M. 1978. Patterns of industrial innovation [J].Technological Review，80（7）：2-29.

Albert M B，Arery D，Narin F. 1991. Direct validation of citation counts as indicators of industrially important patterns [J]. Research Policy，20（3）：251-259

Anderson P，Tushman M L. 1990. Technological discontinuities and dominant design：a cyclical model of technology change [J]. Administrative Science Quarterly，35（4）：604-633.

Arbuthnott A，Eriksson J，Wincent J. 2010. When a new industry meets traditional and declining ones：an integrative approach towards dialectics and social movement theory in a model of regional industry emergence processes [J]. Scandinavian Journal of Management，26（3）：290-308.

Assefa G，Frostell B. 2007. Social sustainability and social acceptance in technology assessment：a case study of energy technologies [J]. Technology in Society，29（1）：63-78.

Barley S. 1998. What can we learn from the history of technology [J]. Journal of Engineering and Technology Management，（15）：237-255.

Brannback M，Wiklund P. 2001. A new dominant logic and its implications for knowledge management：a study of the Finnish food industry [J]. Knowledge and Process Management，8（4）：197-206.

Brockhoff K. 1992. Instruments for patent data [J]. Technovation，12（1）：451-458

Canada Revenue Agency. 2012-12-18. Scientific research and experimental development (SR&ED) tax incentive program. [EB/OL]. http：//www.cra-arc.gc.ca/txcrdt/sred-rsde/.

Caraça J，Lundvall B，Medonça S. 2009. The changing role of science in the innovation process：from queen to Cinderella? [J]. Technology Forecasting and Social Change，76（6）：861 -867.

Carrera D G，Mack A. 2010. Sustainability assessment of energy technologies via social indicators：results of a survey among European energy experts [J]. Energy Policy，38（2）：1030-1039.

Chacra F A，Bastard P，Fleury G，et al. 2005. Impact of energy storage costs on economical performance in a distribution substation [J]. IEEE Transactions on Power Systems，20（2）：684-691.

Chao C C，Yang J M，Jen W Y. 2007. Determining technology trends and forecasts of RFID by a historical review and bibliometric analysis from 1991 to 2005 [J]. Technovation，27（5）：268-279.

Chen C. 2006. CiteSpace Ⅱ：detecting and visualizing emerging trends and transient patterns in scientific literature [J]. Journal of the American Society for Information Science and Technology，（57）：359-377.

Chen H，Cong T N，Yang W C，et al. 2009. Progress in electrical energy system：a critical review [J]. Progress in Natural Science，19（3）：291-312.

Cheung K，Cheung S，Silva R，et al. 2003. Large-scale energy storage systems [R]. London：Imperial College London.

Christensen C M. 1997. The Innovator's Dilemma：When New Technologies Cause Great Firms to Fail [M]. Boston：Harvard Business School Press.

Christensen C M，Overdorf M. 2000. Meeting the challenge of disruptive change [J]. Harvard Business Review，78（3-4）：67-76.

Clegg S R，Rhodes C，Kornberger M. 2007. Desperately seeking legitimacy：organizational identity and emerging industries [J]. Organization Studies，28（4）：495-513.

Daim T U. 2006. Forecasting emerging technologies：use of bibliometrics and patent analysis [J]. Technological Forecasting & Social Change，（73）：981-1012.

Daim T，Rueda G，Martin H，et al. 2006. Forecasting emerging technologies：use of bibliometrics and patent analysis [J]. Technological Forecasting and Social Change，73（8）：981-1012.

Day G S，Schoemaker P J H，Gunther R E. 2000. Wharton on Managing Emerging Technologies [M]. New York：Wiley & Sons，Inc.

Dosi G. 1982. Technological paradigms and technological trajectories [J]. Research Policy，11（3）：152-154.

Doul H，Leveillé V，Manullang S，et al. 2005. Patent analysis for competitive technical intelligence and innovative thinking [J]. Data Science Journal，（4）：209-237.

Fisher J C，Pry R H. 1971. A simple substitution model for technological change [J]. Technological

Forecasting and Social Change, （3）: 75-88.

Forbes P D, Kirsch A D. 2010. The study of emerging industries: recognizing and responding to some central problems [J]. Journal of Business Venturing, 26（3）: 589-602.

Giarratana M S. 2004. The birth of a new industry: entry by start-ups and the drivers of firm growth: the case of encryption software [J]. Research Policy, 33（5）: 787-806.

Glänzel W. 2004. Bibleometrics as a research field [R]. http: //www.norslis.net/2004/Bib_Module_ KUL.pdf.

Godin R.1996. Research and the practice of publication in industries [J]. Research Policy, （25）: 587-606.

Goncalves L M, Bermudez V Z, Ribeiro H A, et al. 2008. Dye-sensitized solar cells: a safe bet for the future [J]. Energy & Environmental Science, （1）: 655-667.

Gort M, Klepper S. 1982. Time paths in the diffusion of product innovations [J]. The Economic Journal, （92）: 630-653.

Hadjipaschalis I, Poullikkas A, Efthimiou V. 2009. Overview of current and future energy storage technologies for electric power applications [J]. Renewable and Sustainable Energy Reviews, 13（6-7）: 1513-1522.

Haken H. 1983. Advanced Synergetics [M]. New York: Springer-Verlag.

Hall P J, Bain E J. 2008. Energy-storage technologies and electricity generation [J]. Energy Policy, 36（12）: 4352-4355.

Harfield T. 1999. Competition and cooperation in an emerging industry [J]. Strategic Change, 8（4）: 227-234.

HM Revenue&Customs. 2013-04-02. CIRD90050 R&D tax relief: SME scheme: overview [EB/OL]. http: //www.hmrc.gov.uk/manuals/cirdmanual/cird90050.htm.

Holland J. 1992. Adaptation in Natural and Artificial Systems [M]. Cambridge: MIT Press.

Hsu Y L, Lee C H, Kreng V B. 2010. The application of fuzzy Delphi method and fuzzy AHP in lubricant regenerative technology selection [J]. Expert Systems with Applications, 37（1）: 419-425.

Huang L C. 2008. Study on prospect of emerging technology commercialization based on bibliometrics analysis [C]. Singaporean: Proceedings of the 2008 IEEE ICMIT: 29-33.

Hung S C, Chu Y Y. 2006. Stimulating new industries from emerging technologies: challenges for the public sector [J]. Technovation, 26（1）: 104-110.

Ibrahim H, Llinca A, Perron J. 2008. Energy storage systems—characteristics and comparisons [J]. Renewable and Sustainable Energy Reviews, 12（5）: 1221-1250.

Martino J P. 2003. A review of selected recent advances in technological forecasting [J]. Technological Forecasting and Social Change, 70（8）: 719-733.

Kadushin C. 2005. Who benefits from network analysis: ethics of social network research [J]. Social Networks, 27（2）: 139-153.

Kintner-Meyer M, Elizondo M, Balducci P, et al. 2010. Energy storage for power systems applications: a regional assessment for the northwest power pool [R]. Washington: Pacific Northwest National Laboratory.

Klepper S. 1997. Industry life cycles [J]. Industrial and Corporate Change, 6（1）: 145-182.

Klepper S, Graddy E. 1990. The evolution of new industries and the determinants of market structure [J]. RAND Journal of Economics, 21（1）: 27-44.

Lampel J, Shapira Z. 1995. Progress and its discontents: data scarcity and the limits of falsification in strategic management [J]. Advances in Strategic Management,（12）: 113-150.

Le H T, Nguyen T Q.2008. Sizing energy storage systems for wind power firming: an analytical approach and a cost-benefit analysis [C]. Pittsburgh: IEEE Xplore: 1-8.

Low M, Abrahamson E. 1997. Movements, bandwagons and clones: industry evolution and the entrepreneurial process [J]. Journal of Business Venturing, 12（6）: 435-457.

Ma Y Z. 2011. A study on the dynamic mechanism encouraging the development of new energy industry [J]. Energy Procedia, 5: 2020-2024.

MacMillan I, Katz J. 1992. Idiosyncratic milieus of entrepreneurial research: the need for comprehensive theories [J]. Journal of Business Venturing,（7）: 1-9.

Makarov Y V, Yang B, DeSteese J G, et al. 2008. Wide-area energy storage and management system to balance intermittent resources in the Bonneville Power Administration and California ISO control areas [R]. Washington: Pacific Northwest National Laboratory.

Malerba F. 2007. Innovation and the dynamics and evolution of industries: progress and challenges [J]. International Journal of Industrial Organization, 25（4）: 675-699.

Malerba F, Nelson R, Orsenigo L, et al. 2001. Competition and industrial policies in a "history friendly" model of the evolution of the computer industry [J]. International Journal of Industrial Organization, 19（5）: 635-664.

Martino J P. 2003. A review of selected recent advances in technological forecasting [J]. Technological Forecasting and Social Change, 70（8）: 719-733.

McGahan A M, Argyres N, Baum J A C. 2004. Context, technology and strategy: forging new perspectives on the industry life cycle [J]. Advances in Strategic Management, 21: 1-21.

McGehee M D. 2011. Paradigm shifts in dye-sensitized solar cells [J]. Science, 334(6056): 607-608.

Metcalfe J S. 1998. Evolutionary Economics and Creative Destruction [M]. London: Routledge.

Moore G A. 1998. Crossing the Chasm-Marketing and Selling Technology Products to Mainstream Customers [M]. Capstone: Chichester.

Müller C. 2002. The evolution of the biotechnology industry in Germany [J]. Trends in Biotechnology,

20（7）：287-290.

Murray T J, Pipino L L, Gigch J P. 1985. A pilot study of fuzzy set modification of Delphi [J]. Human Systems Management,（5）：76-80.

Nelson R, Winter S. 1982. An Evolutionary Theory of Economic Change [M]. Boston：Harvard University Press.

Nemet G F. 2009. Demand-pull, technology-push, and government-led incentives for non-incremental technical change [J]. Research Policy, 38（5）：700-709.

NIST. 2008-10-16. US Department of commerce：TIP FACTSHEET [EB/OL]. http：//www.Nist.gov / tip / factsheets /upload / academia_ factsheet. Pdf.

O'Regan B, Grätzel M. 1991. A low-cost, high-efficiency solar cell based on dye-sensitized colloidal TiO$_2$ films [J]. Nature,（353）：737-740.

P. Eng P R, O'Malley L. 2008. Storing renewable power [R]. The Pembina Institute.

Pawlak Z. 1982. Rough set [J]. International Journal of Computer and Information Sciences, 11（5）：342-356.

Perez C. 2010. Technological revolutions and techno-economic paradigms [J]. Cambridge Journal of Economics, 34（1）：185-202.

Phaal R, O'Sullivan E, Farrukh C, et al. 2009. Developing a framework for mapping industrial emergence [C]. Portland：Portland International Conference on Management of Engineering and Technology：428-440.

Phaal R, O'Sullivan E, Routley M, et al. 2011. A framework for mapping industrial emergence [J]. Technological Forecasting and Social Change, 78（2）：217-230.

Pohl N. 2005. Industrial revitalization in Japan：the role of the government vs the market [J]. Asian Business & Management, 4：45-65.

Porter A L, Roper A T, Mason T W, et al. 1991. Forecasting and Management of Technology [M]. New York：Wiley.

Porter M E. 1980. Competitive Strategy：Techniques for Analyzing Industries and Competitors [M]. New York：Free Press.

Prigogine I, Stengers I. 1984. Order out of Chaos [M]. New York：Bantam books Inc.

Randolph J, Masters M G. 2008. Energy for Sustainability：Technology, Planning, Policy [M]. Washington：Island Press.

Raster D.2010. Electricity energy storage technologies options [R]. California：Electric Power Research Institute.

Robert J W, Porter L A. 1997. Innovation forecasting [J]. Technological Forecasting and Social Change, 56（1）：25-47.

Robinson D K R, Lu Huang, Guo Y, et al. 2013. Forecasting innovation pathways（FIP）for new and emerging science and technologies [J]. Technological Forecasting & Social Change，（80）：267-285.

Rosenfeld A，Jenkins N，Shelton R. 2005. Emerging technologies whitepaper [R]，California：California Energy Commission.

Russo M. 2003. The emergence of sustainable industries：building on natural capital [J]. Strategic Management Journal，（24）：317-331.

Sampler J L. 1998. Redefining industry structure for the information age [J]. Strategic Management Journal，19（4）：343-355.

Schoenung S M，Hassenzahl W V. 2003. Long-vs. short-term energy storage technologies analysis-a life-cycle cost study [R]. California：Sandia National Laboratories.

Schumpeter J A. 1934. The Theory of Economic Development [M]. Cambridge：Harvard University Press.

Shen Y C，Chang S H，Lin G T R，et al. 2010. A hybrid selection model for emerging technology [J]. Technological Forecasting & Social Change，77（1）：151-166.

Sood A，Tellis G J. 2005. Technological evolution and radical innovation [J]. Journal of Marketing，69（3）：152 -168.

Spender J. C. 1989. Industry Recipes [M]. Oxford：Basil Blackweu.

The White House and The Department of the Treasury. 2012. The President's framework for business tax reform [R].

Tikkanen I. 2008. Innovations，exports，and Finnish electrical industry life cycle 1960-2005 [J]. Journal of Euromarketing，17（3-4）：183-197.

Utterback J M. 1994. Mastering the Dynamics of Innovation：How Companies Can Seize Opportunities in the Face of Technological Change [M]. Boston：Harvard Business School Press.

Utterback J M，Abernathy W J. 1975. A dynamic model of product and process innovation [J]. Omega，3（6）：639-656.

van de ven A，Garud R. 1989. A framework for understanding the emergence of new industries [J]. Research on Technological Innovation Management and Policy，（4）：95-225.

van der Valk T，Moors E，Meeus M. 2009. Conceptualizing patterns in the dynamics of emerging technologies：the case of biotechnology developments in the Netherlands [J]. Technovation，29（4）：247-264.

Vernon R. 1966. International investment and international trade in the product cycle[J]. The Quarterly Journal of Economics，80（2）：190-207.

Wang Z. 2008. Income distribution，market size and the evolution of industry [J]. Review of Economic Dynamics，11（3）：542-565.

Wiser R，Fang J，Porter K，et al. 1999. Green power marketing in retail competition：an early assessment [R]. USA：National Renewable Energy Laboratory.

Yang B, Makarov Y, Decease J, et al. 2008. On the use of energy storage technologies for regulation services in electric power systems with significant penetration of wind energy [C]. Lisbon: IEEE Xplore: 1-6.

Yang D. 2009. Internet information for social science research [J]. Canadian Social Science, (5): 56-62.